Reise ans Ende der Angst

Reise ans Ende der Angst

Erlebnisse mit der Todesangst

Geschichten
Berichte
Gedichte

Herausgegeben
von W. Christian Schmitt

C. Bertelsmann

C. Bertelsmann Verlag GmbH, München 1980
Quellenangaben am Schluß des Bandes
Gesamtherstellung Clausen & Bosse, Leck
ISBN 3-570-02628-0 · Printed in Germany

Inhalt

Vorwort

Johannes Mario Simmel neben Karl Krolow, Gabriele Wohmann neben Alexandra Cordes, Jutta Richter und Ingeborg Drewitz, Günter Müller und Robert Jungk – 27 Schriftsteller und Schriftstellerinnen insgesamt. Büchnerpreisträger, Bestsellerautoren, jung und alt, bekannte Schreiber und solche, die erst noch vom Leser zu entdekken sind, Hoffnungen, Talente und Profis in einem Buch?
Ja.
Denn ich war sicher, daß zum Thema »Todesangst« Schriftsteller jeglicher Couleur – jeder mit seinen Möglichkeiten und für seine jeweilige Leserschaft – etwas zu sagen haben werden. Mehr noch: Bei diesem zentralen Thema stehen alle vor derselben Ausgangssituation, vor sich selbst.
Die nur auf den ersten Blick »bunte Mischung« ist also Vorsatz. Sie brachte aus den Autoren-Reihen Vorablob wie auch Vorabkritik. Wie auch immer, jetzt liegt diese Sammlung vor. Sie dokumentiert, daß das angesprochene Thema »Todesangst – Schriftsteller über Erfahrungen in Grenzbereichen« sich allen stellt, unabhängig von Alter, gesellschaftspolitischer Einstellung, Bestseller-Erfolgen, Begabung, Kritiker-Lob oder -Tadel und dergleichen mehr.
Wie mögen bekannte und gerühmte Autoren sich diesem Thema stellen, was werden junge Autoren zu sagen haben? Die vorliegende Anthologie gibt die Antworten. Was zunächst nur Reiz war, wurde zur Faszination. Ernst Herhaus merkte an, »das Thema ist exzellent, hoffentlich haben die Schriftsteller etwas Eigenes mitzuteilen.« Und Sigfrid Gauch meinte: »Es ist schwierig über Dinge zu schreiben, die nah' gehen, wenn man sie nicht ins Gedicht verklausulieren will.«

»Verklausuliert« hat keiner. Die 27 Autoren haben sich ihre Todesangst von der Seele geschrieben. Sie haben zum Teil erstmals, zum Teil ungewöhnlich radikal Bilanz gezogen. Verschüttetes, aber im Unterbewußtsein Haftendes, ist dabei wieder zutage gekommen. Eine Vielzahl möglicher Todeserfahrungen ist auf diese Weise zusammengetragen worden und in diesem Band präsent. Kriegserlebnisse und Überlebensberichte ebenso wie Drogen-, Alkohol- und Selbstmordsüchte. Die Begegnung mit dem Tod in der engsten Verwandtschaft, am Krankenbett, in Unfallsituatonen wurde umgesetzt und literarisch variiert genauso wie die Alters-, Alltags-, Überlebensängste. Aber auch die Überwindung jeglicher Angst vor dem Ungewissen spricht aus einigen der folgenden Texte. 27 Texte, 27 Geschichten, 27 Erfahrungen und ebensoviele Spiegel, in denen mancher sich und seine persönlichen Ängste wiedererkennen mag.
Daß der Tod etwas ganz Natürliches ist, wird eigentlich in allen Texten deutlich. Die Frage, ob das Sterben ein Ende oder ein Anfang ist, behandelt beispielsweise Hadayatullah Hübsch, ein zum Islam konvertierter junger Autor, in seinem Essay am Ende dieser Anthologie.
Manche Autoren haben – in Begleitbriefen – eingestanden, daß es ihnen nicht leicht gefallen sei, im Grunde Unbeschreibliches aus den Grenzbereichen menschlicher Erfahrungen literarisch umzusetzen. Und es gab – wenige – Autoren, die, je näher der Abgabetermin für ihr Manuskript rückte, Angst vor der eigenen Bestandsaufnahme bekamen – und paßten. Schade.
Weil »Todesangst«-Erlebnisse nicht beliebig oft reproduzierbar sind (Ernst Herhaus: »Ich bin einmal im Sterben gewesen und versichere Ihnen, daß ich das weder variiere, noch jemals auf andere Erfahrungen ableiten werde, bloß weil einer eine Anthologie macht. Mein Masochismus hat Grenzen«) gibt es in diesem Buch auch einige, wenige Nachdrucke, Todesangst-Passagen, die bereits zuvor als Teil eines Romans, einer Erzählung erschienen sind. Auch diese Texte aufzunehmen – und von einem der üblichen

(möglicherweise falschen) Anthologie-Grundsätze abzuweichen – erschien mir sinnvoll, wichtig und richtig.
Als Hilfe für den Leser ist der jeweilige Vorspann gedacht. Damit kann er schneller den Einstieg in eine Geschichte finden. Dort ist im Stenogramm und (meist) im Klartext das Todesangst-Problem des jeweiligen Autors zusammengefaßt, das im nachfolgenden Text literarisch bearbeitet wurde.
Schließlich: Mein besonderer Dank gilt den Autoren und meiner Familie (Linda, Kirstin, Katrin), die, mit mir, viel Geduld aufbringen mußten beim Zustandekommen dieser Anthologie.

28. Februar 1979 W. Christian Schmitt

Karl Krolow

Man erlebt nicht Todesangst, man hat sie. Sie ist da, unversehens und als *free-floating anxiety*, wie die Psychiater sagen. Genau so ist es. Sie steckt in mir, wartet auf *Ereignisse*. Ereignisse sind fast beliebig gegenüber dem, was vorgegeben war. »In der Welt habt ihr Angst«, sagte die Bibel. Das *damned myself* ist ein Geschöpf solcher letzten Lebens- und Todesangst, mitten im Alltag und in der Banalität freundlicher oder feindlicher Verhältnisse und Gegebenheiten. Das *Erlebnis* ist eine graue, unbeschriebene, gekalkte Wand: absolut nichts also. Man starrt sie an und will es nicht glauben. Der Tod macht keine großen Umstände, der Katastrophentod macht Schlagzeilen. Der einfache Tod hat mit dieser permanenten Angst zu tun. Es ist der menschlich-unmenschliche Tod. Von nichts anderem ist im Text die Rede.

Todesangst

Das riecht ranzig und ist auch so –
man sieht kein Blut. Man sieht überhaupt nichts,
nicht einmal »das Leben«, mit männlichen Utensilien
und Sterbenswörtchen. Es riecht nach Schweiß –
kalte Achseln und noch kälter im Hinterkopf,
ohne Musik. Man hat ihn aus Angst versteckt
in heißen Achselhöhlen oder einfach auf den Tisch gelegt:
da liegt der Kürbis, der Fußball, zum Kicken, bitte, sich bedienen:
die Birne ist kalt, mit Ohrschmalz, ohne Gedächtnis.
Ich wage nichts mehr. Die Zelle ist leer.
Das Zimmer ist leer. Die letzte Frau
ließ sich verwenden. Man glaubte bis zuletzt,
daß nur die andern Angst bekommen,
wenn es soweit ist und eine Urinpfütze
unter einem am Boden kalt wird.

Sigfrid Gauch

Angst vor dem Leben und Sehnsucht nach dem Tod bestimmen die Jugendzeit, aus der kein Tag als schön und gut in der Erinnerung ist. Ein schwerer Autounfall wiederholt die Komplikationen der eigenen Geburt und nimmt Angstträume und Todessehnsucht . . .

Ach was, der Tod, was soll's

1

Noch vier Minuten bis zu meinem Gesprächstermin im Ministerium. Pünktlich wie immer, denke ich beim Passieren der ersten Panzerglastür. Ich denke es nicht mehr, als ich mich vor dem zweiten Panzerglas anstelle, dem Pförtner zusehe, der einen anderen Besucher abfertigt. Durch einen schmalen Schlitz schiebt dieser seinen Ausweis. Er nennt den Namen dessen, mit dem ihm zu sprechen erlaubt worden sei, nennt Grund und Thema. Der Pförtner ruft an, läßt bestätigen, stellt einen Passierschein aus, der unterschrieben wieder abgegeben werden muß. Er arbeitet gründlich, läßt sich Zeit. Ich komme zehn Minuten zu spät im Vorzimmer an und mokiere mich, scherzhaft natürlich. Hier im Hause wären doch immerhin etliche Personen, deren Leben geschützt werden müsse, sagt die Chefsekretärin etwas schnippisch. Ob ich denn nicht auch gerne noch ein bißchen leben würde? Ach was, sage ich, von mir aus könnte ich schon morgen sterben. Ich hätte keine Angst, mir wäre das ziemlich egal. Denkpause. Das ist aber mehr als ungewöhnlich, und das noch in Ihrem Alter, sagt die Sekretärin und mustert mich mißtrauisch. Aber da sie mich schon länger kennt und mir keine Kamikaze-Absichten unterstellt, hat meine Bemerkung keine Folgen. Vor wenigen Tagen erst hätte ich die Leiche meines Vaters gewaschen, geküßt und zur Bestattung zurechtgemacht, schwäche ich meinen Satz ein wenig ab, mache ihn kulinarischer. Ob er vor dem Tod Angst habe, hatte ich einige Wochen zuvor von ihm wissen wollen. Er war der erste, der mir bei der Antwort in die Augen schaute und nein sagte. Die Sekretärin antwortet nicht. Sie denkt vielleicht an das Panzerglas, das sie schützt.

2

»Opa, wann stirbst du eigentlich?« frage ich den Großvater meiner Mutter. Er kommt mir uralt vor, und ich bin noch keine vier Jahre alt. Urgroßvater schaut mich, der ich zu Besuch bin, schweigend an. Er legt den Besen weg, mit dem er gerade die Straße vor seinem Haus fegt, meinem Geburtshaus, geht hinein. Nach dem Abendessen sagt Mutter so nebenbei, Opa sei sehr traurig gewesen. Ich schäme mich und verspreche, nie mehr zu fragen. Aber ich muß immer wieder daran denken, wie es für mich wäre, wenn er stirbt. Bald darauf, auf dem Weg zum Bahnhof, fällt Urgroßvater tot um. Als Mutter das Telegramm erhält und Vater erschrocken davon erzählt, sitze ich unter dem Tisch: Angst vor einer Strafe, denn ich wollte den Lebertran nicht trinken, der mich in dieser Nachkriegszeit am Leben hält.

3

Mit dem Kranz, vom Dorfgärtner hergerichtet wie ein Adventskranz, werden meine kleine Schwester und ich zu dem Haus geschickt, in dem die alte Frau gestorben ist. Sie war Vaters Patientin, und wir sollen Kranz und Kondolenzbrief übergeben. Wir trauen uns kaum, weil so viele Leute so schwarz und so still sind. Aber wir werden freundlich empfangen. »Kommt, ihr dürft sie euch ansehen«, sagt die nette schwarze Frau und schiebt uns vor sich her. »Ihr braucht keine Angst zu haben, geht nur hinein.« Im Nebenzimmer ist es fast dunkel. Die Läden sind geschlossen, nur Kerzen brennen. Es riecht muffig, und mitten im Zimmer liegt die alte gelbe Frau in einem offenen Sarg. Wir bleiben stehen, und ich sehe mir immer nur die Nase an, die mir so groß erscheint, mit riesigen Nasenlöchern. Tote, denke ich, bestehen vor allem aus riesigen Nasenlöchern.

4

Auf der hohen Leiter stehe ich in der Scheune unseres Hauses. Von der obersten Sprosse aus konnte ich ganz leicht den alten Strick an einem vorstehenden Balken des Heubodens befestigen. Er ist zu einer Schlinge geknüpft, die ich mir um den Hals lege. Ich rufe meine Schwester, die jetzt schon sieben Jahre alt ist. Erstarrt steht sie, hört, wie ich sage: »Also, mach's gut, ich hänge mich jetzt auf.« Sie läuft ins Haus, um Hilfe zu holen. Schnell verkrieche ich mich im Heu, höre Vaters Stimme, der von einem dummen Scherz spricht. Bis zum Abend bin ich unauffindbar. Bald weiß die ganze Verwandtschaft von der Geschichte.

5

Aus der Bildzeitung erfahre ich vom Tod meines Onkels: Mit mehreren Kanistern Benzin habe sich in der Nacht der Geschäftsmann H. C. aus O. übergossen und in seinem Auto selbst verbrannt. Die Polizei vermute finanzielle Schwierigkeiten als Grund. C. hinterlasse Frau und zwei kleine Kinder. Beim Leichen-Imbiß, dem Kaffee nach der Beerdigung, lasse ich mir vom Lehrbub meines Onkels alle Einzelheiten erzählen: wie sie nach längerer Suche das ausgebrannte Auto auf einer Wiese vor dem Dorf fanden; wie der Oberkörper ganz verkohlt war, die Hand noch den Türgriff umklammerte und das unverbrannte linke Bein schon außerhalb des Wagens war, als ob er im letzten Lebens-Moment noch aussteigen, weglaufen wollte; wie die geleerten Benzinkanister auf dem Beifahrersitz lagen und daß niemand an diesen angekündigten Tod geglaubt habe.

6

Ich werde geboren und habe Angst davor: in Prüfungssituationen erlebe ich meine Geburt wieder, von der Mutter erzählt. Sie verlief problemlos, so problemlos, daß die Hebamme bei den Preßwehen einschlief. Aber im entscheidenden Moment ging doch etwas schief: mein Kopf blieb stecken. Vater war für Sekunden gelähmt vor Schreck, unfähig zu handeln. »Herr Doktor, tun Sie doch was!« rief die Hebamme angstvoll. Da erst fing sich Vater wieder, handelte, rettete. Vor Prüfungssituationen werde ich im Traum wieder geboren. Ich werde krank, träume, durch einen engen Tunnel zu müssen, ich bin zu groß dafür, der Tunnel wird immer enger, von dem winzigen Zug, auf dem ich sitze und der in diesen Tunnel fährt, springe ich im letzten Moment ab, fliege über Zug und Tunnel hinweg.

7

Nach dem Unfall habe ich alle Angst verloren. Ich habe keine Alpträume mehr, keine Prüfungsängste. Ich sitze als Beifahrer unangeschnallt im BMW meines Freundes. Die Straße ist breit. Vor uns fährt ein Mercedes. Mein Freund beschleunigt, um den Mercedes zu überholen. Er will den Omnibus noch abwarten, der in der übersichtlichen leichten Kurve entgegenkommt. Wir sind dicht hinter dem Mercedes. Nimmt der Omnibus die Kurve aber in einem großen Bogen, denke ich, ist der aber leichtsinnig, der schafft es doch überhaupt nicht mehr! Was ich registriere, dauert kaum eine Sekunde: daß der Mercedes abstoppt, mein Freund auf die Bremse tritt und das Steuerrad umklammert; daß der Omnibus frontal auf den Wagen vor uns fährt, ihn auf uns zuschiebt, wir in ihn hineinfahren. Lieber tot, nur nicht schwerverletzt, denke ich; in dem Sekundenbruchteil stelle ich mir vor, wie ich mit irrsinnigen Schmerzen im Autowrack eingeklemmt bin. Scheiße, Scheiße, denke ich . . . Den Unfall habe ich gut überstanden. Eine Platzwunde an der Stirn durch den Aufprall des Kopfes auf die Polsterung über der Windschutzscheibe, eine Gehirnerschütterung; der rechte Fuß geprellt. Mein Freund wird mit Knochenbrüchen abtransportiert. Die Leute aus dem Mercedes sterben auf dem Weg ins Krankenhaus. Dem Busfahrer ist nichts passiert, sein Wagen war leer.
Nach diesem Unfall habe ich alle Angst verloren. Ich habe endlich den Geburtskanal durchstoßen, bin nicht mehr eingeklemmt. Ich wurde vorgeschleudert, aus dem weichen

Autositz zur Windschutzscheibe, habe meine Geburt wiederholt, diese Todesahnung nacherlebt. Ich bin im Leben, wie damals, aber jetzt mit vollem Bewußtsein. Einige Monate lang habe ich Omnipotenzträume: jetzt verfolge ich! Dann legt sich auch das, und ich wache oft mit einem Lächeln aus einem Traum auf.

8

Nur noch diese Freude an Friedhöfen. Wenn ich über eine fremde Stadt etwas erfahren will, suche ich ihren ältesten Friedhof auf. So auch in London, auf der Suche nach dem Grab von Karl Marx; in Highgate, einem Stadtteil, gelange ich dabei durch eine Mauerbresche auf den verschlossenen Teil des Friedhofes, der seit Generationen nicht mehr benutzt wird. In den aufgebrochenen Grabhäusern sehe ich im Dämmerlicht die geöffneten Särge, in denen noch die Leichen liegen; davor Überreste von rituellen schwarzen Messen. Der Moderduft, der Anblick der Leichen macht mich neugierig, aufgeregt. Wie es wohl ist, wenn man stirbt, denke ich. Bald danach stirbt mein Vater. Ich wasche seine Leiche, küsse sie, mache sie zur Bestattung zurecht. Mit der letzten Rose, die ich auf den Sarg werfe, habe ich das Interesse an Friedhöfen verloren. Keine Lebensangst mehr, keine Todesangst; Gleichgültigkeit, sage ich, aber die Sekretärin im Ministerium denkt nur an Panzerglas.

Ingeborg Drewitz

Für meine Generation (Jahrgang 23) ist Todesangst die Jugenderfahrung aus Bombennächten. Ist auch die Angst vor den täglichen Todesnachrichten in diesen Jahren des Krieges, vor dem Nicht-Wiederkehren der Gleichaltrigen, der wenig Älteren, wenig Jüngeren. Angst, die bei jedem Todesfall in der Familie, im Freundeskreis wieder da ist, in Träumen aufflackert. Ich beobachte aber, daß sich die Angst vor meinem eigenen Tod verändert hat, umgeschlagen ist in die Angst vor all den Todesarten, mit denen Menschen Menschen bedrohen; umgeschlagen ist in die Angst vor der kollektiven Tötungswut – und zur Herausforderung geworden ist, gegen die kollektive Tötungswut und die, die sie benutzen, anheizen und mit ihr rechnen, aufzubegehren.

Der Name wird im Polizeirevier gelöscht, der Ausweis zurückgegeben . . .

Die täglichen Selbstmörder, die täglichen Verkehrsopfer, die Opfer von Attentaten, die Toten in den nie abreißenden Kriegen, die Verhungerten in den Slums, den Dürrezonen, die Opfer von Erdbeben und Überschwemmungen – täglich hämmert der Tod auf unser Bewußtsein ein. Wir würden zerstört werden, wenn wir nicht Mechanismen der Gleichgültigkeit entwickelt hätten, vorbeisehen, -hören und -leben lernten. Und doch immer wieder Augenblicke, wo die Mechanismen der Gleichgültigkeit nicht funktionieren, wo wir zusammenzucken, wo wir begreifen, daß Du, daß Ich nicht mehr da sein werden, irgendwann, vielleicht schon morgen. Die Arbeit wird ein anderer übernehmen, die täglichen Nachrichten werden die täglichen Nachrichten bleiben, die Fahrpläne werden eingehalten werden, die Tages-, die Jahreszeiten werden einander folgen wie immer. Der Name wird im Polizeirevier gelöscht, der Ausweis zurückgegeben, wir fallen als Steuerzahler, als Kranken- und Altersversicherter, als Mieter aus.

Und Du? Und Ich?

Jäh ist da der Platz am Tisch leer, fehlt Deine Stimme, der Wärmestrom von Hand zu Hand, von Haut zu Haut, und wie Du den Tisch deckst, und wie Du Dich über das Schulheft beugst, und wie Du das Lenkrad faßt, und wie Du beim Fotografieren lachst, und wie Du zuhörst und widersprichst, und wie Du auf der Schaukel hin und her schwingst, und wie Du Stiefmütterchen einpflanzt, und wie Du singst, und wie Du mit dem Fuß aufstampfst, und wie Du Brot schneidest, und wie Du die Brille aufsetzt, und wie Du in Büchern blätterst. Und wenn ich Dich anrede, Deinen Namen sage, rufe, denke, dann ist da keine Antwort mehr. Und wenn ich Dir nachwinken will, morgens, weil Du doch immer aus dem Haus gegangen bist –

nein, ich will mir das nicht vorstellen, ich will das nicht heraufbeschwören!
Und wenn mein Platz am Tisch leer sein wird? Wenn die Wahrnehmungen enden, wenn die Welt endet, meine Wahrnehmungen, meine Welt?: Das Licht, das über die Decke huscht, nachts, wenn die Autos vorbeifahren, das Atmen, die kleinen, vertrauten Rufe der Kinder, die ich von Dir und Dir und Dir auseinanderhalte? Oder Dein Gang, die Art, den Mantelkragen hochzuschlagen, das Glück, die Sommerwärme auf der Haut zu spüren oder die Augen vor dem gleißenden Schneelicht zu schließen, einen Zweig in der Vase zum Blühen zu bringen oder ein Ziegeldach auszubessern, einen Fußboden zu streichen, einen Teppich zu knüpfen oder Sätze auf eine weiße Seite zu schreiben, die Läufe auf dem Klavier zu üben oder vom Rhythmus in den Tanz getrieben zu werden –
Angst
Weil vielleicht nur Traum war, was so wirklich schien, vielleicht nur kurzes Erwachen aus der unermeßlichen Bewußtlosigkeit,
der Zufall der Geburt in der zufälligen Folge der Generationen,
Angst
Weil ich an der Drogentoten vorbeigegangen bin, abgewandt, weil ich die Tür vor dem Bettler verriegelt habe,
weil ich zugeschlagen habe statt zu trösten,
verachtet habe statt zu dulden,
geneidet habe statt anzuerkennen,
gehöhnt habe statt zu schweigen,
gelacht habe statt zu lächeln,
Angst, Todesangst, weil aufhört, was immer nur Anfangen war, Angst, Todesangst, weil noch die Hingabe, die Treue, das Sichwegschenken nichts als Versuch und zufällig war, weil Ich und Du und Du eingeholt werden von der unermeßlichen Bewußtlosigkeit, weil Ich und Du und Du eingezwängt sind vom Tod und provoziert zu leben, weil Ich und Du und Du Wörter sind, die nur flüchtig gelten –

Ludwig Fels

Alle folgenden Gedanken und Gefühle haben ein gewisses Alter erreicht, sind mit mir gewachsen. Es liegt zwar weit zurück, daß ich die Scheidung vom Leben vollziehen wollte, aber es ist noch nicht zu lange her, so vermeintlich widersprüchlich das auch klingen mag. Ich habe mich behalten, und aus diesem Grund enthalte ich schon wieder das Kommende.

273 Grad Celsius unter Null, im Schatten noch kälter

Vielleicht wäre es ganz angenehm, den Engel zu spielen, d. h. auf alles Erdenkliche zu verzichten.
(Robert Walser, Briefe)

Es gibt einen Unterschied zwischen Todesangst und der Furcht vorm Sterben: dazwischen spaltet sich das Leben. Und diese schwingende Grenze geht mir zur Zeit durch Herz und Hirn; auf der einen Seite will ich leben, unbedingt mit aller Macht, auf der andern aber weiß ich nicht, wo ich es könnte.
Als ich noch heranwuchs, wollte ich mich ein paarmal forttun, aufgeben, mich von mir befreien. Einmal ging mir fast mein Wille durch. Es war wie ein friedfertiges Unglück, wie ein süßer Schwindel auf Gedeih oder Verderb. Ein Kassenzettel war mein Abschiedsbrief, drauf stand: EAT YOUR SHOES! Meine Zähne waren wie Dornen.
Du erwachst unter aufeinandergetürmten Abgründen, eine Nähmaschine stanzt dir die Venen, du hebst die Lider, der Doktor drückt dir einen Kaktus in die Armbeuge, empfiehlt viel Milch und Mineralwasser zu trinken, du tust es und pißt Schaum, der wie Säure brennt, der Arzt nimmt die Tablettenröhrchen mit. Bruchlandung nach der Himmelfahrt. Keine Erinnerung und kein Vergessen. Der Tod hat mich nicht geliebt. Nach einigen Tagen schrieb ich »Liebe Rosy« und konnte meine Schrift nicht lesen; darunter blieb alles leer. Ich hatte ein zartes Geflecht im Kopf, Schleierfäden, an denen wieder die Wirklichkeit riß. In meinem Bett legten sich die Nächte schlafen. Nach der Erweckung wurde mir die Wiederauferstehung verabreicht: Ich besuchte die Nervenheilanstalt und ließ dort von Schwerkranken mein Befinden beobachten. Die Schnittnarbe am Puls hielt ich verborgen. Ich entdeckte die Beschäftigungspsychopa-

thie, die Gewöhnung ans Gegebene, das Streben zur Seite, nach Außerhalb, Arbeit und Heirat, scharfe Tropfen, saure Tränen. Und ich machte wieder mit, als hätte ich nie den Anschluß verloren gehabt; mein Leib heilte sich, mein Schädel setzte Speck an; ich war um eine Erfahrung ärmer. Es war ein Neid in mir, eine Sehnsucht nach Wahnsinn: ich sang von gußeisernen Engeln. Du verstehst? Das Sprungbrett in die Schlangengrube. Du hast das Gefühl, die Welt sei eine riesenhafte Hinrichtungsbühne, Henkerplattform und Delinquentenempore zugleich. Wann stirbt man eigentlich nicht? Der Tod wird zur Alltagserscheinung, wenn dich die Stechuhr abstempelt, dann pfeifst du vor Schmerz. Sobald du das Maul aufreißt, kleben dir Preisschilder im Rachen.

Ich Ausgeschlachteter hab
Todesängste, ganz gleich, ob ich
traurig bin oder betrunken.
Blechpauken, Stahltrommeln
donnern um Mitternacht
und Autoreifen kommen mir vor wie
heidnische Haut.

Meine Fragen werden zu Lautwolken. Leere Leute halten sich in vollen Zimmern auf, haben sich in Uhrzeigern verkeilt, als könnten, wollten sie ewig bleiben. Es ist schwer, sich Enttäuschungen zu verzeihen.

Ich ging zu oft durch zu viele Straßen. Schon wiederholt sich alles. Wandere ich dem Ende entgegen? Diese Luft löst einen auf, dieses Wasser schmeckt dürr. Mir ist, als wäre gar nichts wahr. Jeder kommt mir vor, als sei er zu zweit. Ich lach aus vollem Hals, durch all die hinuntergewürgten Stricke und Gürtel hindurch, dann zuckt mir der Haßblitz unterm mürben Schädeldach, und ich bestell mir hastig irgendwelchen Alkohol. Zum Totsaufen. Aber er reicht nicht aus.

Du unterhältst dich. Mit Geboten, Gesetzen. Mit Kriegsbildern, Schlachtgemälden. Du sagst: Brücken und Balkone. Immer von oben runter. Anders geht's nicht. Im letzten

Augenblick muß man in die Höhe springen. Irgendwann war es, wahrscheinlich jetzt, irgendwann wird es wieder sein, sicher gleich, daß jemand die Wolle von der Stricknadel schüttelt und sie in die Steckdose rammt – oder in die wie eine Schläfe pochende Brust. Die Zeitung ist dankbar dafür. Drei Sätze in der Nachweltausgabe sind sicher.
Hört ihr mich?
Hört ihr mir zu?
Noch überlasse ich jedermann den Vortritt. Ich liebe das Leben, behaupte das steif und fest, wie gelähmt, wie vertrocknet. Ich liebe das Leben, was ganz und gar unerwidert bleibt. Seit meiner Geburt hat sich kaum etwas verändert. Ich spür das Blut in mir, Eiter in den Blasen, Gift im Darm, Luft im Samen, hallende Löcher überall. Ich werde hingehalten und abgetan. Mutter, du hast einen Bart, deine Glieder sind Glocken, du hast mich dir umsonst zeugen lassen!
Für den Tod, der nach dem Sterben kommt, vielleicht wie ein alter Bekannter ohne Gesicht oder wie ein ungeborener Zwilling, erfinde ich keine Photographie, von der ich abschreiben könnte. Es besteht die Möglichkeit, daß er im heutigen Maschinenzeitalter als Mähdrescher auffährt, statt vom Pferd aus mit der Sense zu jagen, im Asbestanzug statt in der Mönchskutte daherkommt. Was da so kreucht und fleucht, trägt anstelle einer Seele eine Gemütsprothese in der Brust.
Einmal berührte ich zaghaft die Hand eines Säuglings im Sarg. Drei Tage war er tot, aber hinter den klaffenden Lippen noch naß. Ohne Spielzeug lag er da, auf einer viel zu großen Bahre. Seine Haut war glatt wie kaltes Kerzenwachs, sie fühlte sich geschliffen an, ich betastete die klammen Finger, die um ein Kruzifix gebogen worden waren, ich bekam keine blaugrünen Flecken davon, wie ich mir eingebildet hatte.
Ein andermal erwartete ich Blutrinnsale aus Ohren, Nase und Mund meiner Schwiegermutter, schwarzblasigen Schaum, als der Friedhofswärter hinterm Schaufenster den

Sargdeckel hochhob, aber sie war dann doch wie immer, bot den Anblick, den wir kannten, ernst und mager wie eh und je, so zu uns gehörend lag sie noch da, ohne Reisefieber, schön wie vor hundert Jahren. Ihr Äußeres verlangte keine Tränen.

Ganz früher sah ich meinen Großvater im Sterbezimmer des Krankenhauses, da war er älter als sonst und warf sich zwischen rasselnden Männern auf seinem zerstörten Lager hin und her, sein Nachthemd war ihm unter die Achseln gerutscht. Ich wußte nicht, ob er sich vor Kälte oder Hitze krümmte, gegen welche Qualen er ankeuchte, es war, als tanze er im Bett. Seine grauen Bauchhaare sind struppig gewesen. Ich mußte vor die Tür. Nichts ging an mir vorbei. Dann rollte man ihn plötzlich heraus, mit zugedecktem Kopf. Seine Fußsohlen bestanden aus verkrüppelter Haut. Er war zu einem Bilderbuchgespenst geworden. Meine Mutter bekam ein verzerrtes Gesicht und war mir unheimlich.

Ich erinnere mich an Katakomben. Jede Nische war für mich ein Saal. Die Gesichter der geschrumpften Gestalten bleckten durch Staub und Spinnweben. Kleidung und Gewebe waren von Motten zernagt. Auch rochen sie längst nicht mehr nach Tod. Fetzen gedörrter Haut und prächtiger Lumpen hingen an ihnen herunter. WIR, schienen sie zu sagen, SIND EUCH WEIT VORAUS, ZWISCHEN UNS LIEGT MEHR ALS NUR EINE EWIGKEIT. WIR BESICHTIGEN EUCH, SIND SCHON GESTORBEN, ALS IHR NOCH NICHT GEZEUGT WART. ES GIBT MEHR ALS DAS LEBEN, VIEL MEHR. DIE KOMMENDEN GESCHLECHTER WERDEN IHRE TOTEN IN DER SONNE BESTATTEN.

Es gibt den Tod als Freund, als Rächer
auch als Universaler Orgasmus ist er
begehrt. Die Gnade
Gottes und das Recht
des Teufels stellt er dar
wenn man biblische Scheuklappen trägt
und die Wurzel des Übels mit Tränen begießt.
Es gibt ihn befohlen und freiwillig gibt es ihn

verhängt wie auferlegt
mitten im Kuß
kurz vorm Punkt
nach dem Schlaf.
Und er macht keine Mode mit
und es ist ihm egal, welche Unterhose
du anhast oder ob dir Speisereste in den Zähnen hängen
er schubst dich vom Barhocker, vom Fernsehturm
fegt dich in die totale Narkose, wo es
kein Wort mehr gibt für Zeit.
Wer oder was
hat unser Ende, diese
näheste Ferne erfunden?

Mondrauschen dringt aus dem Radio, Sternstimmen wabern; es entstehen immer mehr untrügliche unerträgliche Anzeichen für mein Gestörtsein zu jeder Beziehung. Mit Fassung ertragen. Gelitten bis zuletzt. Plötzlich arbeitet der Tod wie eine Brechstange an uns. Das ist der Moment, in dem alle den Hebel suchen, um ihr rasendes Gehirn abzuschalten, sich ein unmerkliches Verdämmern wünschen – und jeder reist in sein Leben zurück, als läge das Ziel vor der Geburt. Ich betrüge mich, wenn ich mich sicher fühle. Ich hab fremde Wesen in der Nachbarschaft, die nur noch der Anblick einer defekten, ausrangierten Maschine traurig stimmt. Besinnungslos trösten sie sich mit Fickgeräten, mumifizieren die Natur auf Zelluloid und flattern durch die Neonfriedhöfe der Städte.

Die Leute mögen sich selbst nicht mehr.

Ich geh durch ein Stück Welt, belastet mit der Gewißheit, daß jede Person, die ich zufällig erblicke, Waffen in den Taschen tragen kann, ab und zu geschulte Muskeln unter der Haut. Wie Geschwüre pochen die Schreie unter der Kruste ihres Lächelns. Das, was wir uns zeigen, geben können, verwest bereits. Wieviele Selbstmörder befanden sich unter den Gefallenen der Kriege, wieviele töteten sich, um ihre fremden Feinde zu schonen?

Kann mir nicht helfen, kann nichts dafür, daß ich mir blindlings Gräber vorstelle, die mich anziehen, ganz so, als wäre jede dieser Gruben der natürlichste Ort auf Erden – wären da nicht diese alten Geschichten, die von Ausgrabungen und Umbettungen erzählen, bei denen mancher Leichnam auf dem Bauch liegend vorgefunden wurde. Kratzer im Sargholz, zermalmte Zähne, zersplitterte Nägel, die Luftröhre entblößt . . .

Meine Todesangst beginnt, sobald ich an Skalpelle, Laserstrahlenbeschuß und andere Folterwerkzeuge denken muß; da weigert sich mein Verstand, den Beschädigungen des Körpers Glauben zu schenken, entscheidet sich für die Ungewißheit und verzögert das Vergessen.

In meiner Heimatstadt wohnte die Leichenfrau neben der Friedhofskapelle, eine Tür ihrer Wohnung führte zur Aufbahrungshalle. Sanitäter holten die Leichen ab und lagerten sie im Totenkeller des Krankenhauses, als wir die Wände weißten. Ich konnte weder essen noch trinken, nur spucken, jede Zigarette schmeckte nach Buchsbaum. Die Farbe weichte die Gerüche auf, und ich roch aus allen Poren nach etwas stärkerem als Schweiß. Ich wünschte mir Gewitterstürme, Wolkenbrüche, mich nackt auf freiem Feld, durchgeblasen vom Wind.

Wenn die Menschen ihre Todesart in Erfahrung brächten, beginge mindestens die Hälfte schon vorher Selbstmord, behaupte ich, dem Beten um eine gerechte Erlösung nahe.

Du widersprichst mir: Die meisten würden sieben Tage lang für drei Sekunden Verlängerung beten!

Ich berichte dir von Gelesenem: Auf Sumatra, Borneo, Java oder Polynesien, weiß nicht mehr, wo und zu welcher Zeit, gab es Eingeborene, bei denen es Brauch war, das Hüttendach abzudecken, wenn ein Familienangehöriger einging ins Reich der Geister, sie legten den Leichnam auf die Sparren und lebten unter dem Toten weiter wie bisher, im tropischen Klima vollendete sich die Auflösung besonders rasch und jedes Mahl wurde mit den abfallenden Teilen des vergehenden Körpers gewürzt. Stell dich nicht so an, stell dir lieber vor, du ißt, du liebst, du schläfst – und

der sich zersetzende Tote ist stets anwesend, mischt sich restlos ein, so daß keine Trauer aufkommen kann, nicht einmal die Ahnung eines Verlustes, weder Scheu noch Schande . . .
Wird es trostlos, das Ringsum
fragt man sich seine Sünden ab
bittet zumindest um einen Stehplatz
in der Büßerecke des Paradieses
wo sich all die Uneinverstandenen gedulden müssen
genau wie hier.
Von unsrer Warte aus beäugt
ist dieses Ding, die Hölle, da nicht mehr
unten sondern
auf gleicher Höhe oder
Tiefe je nachdem.
Denkst du nicht dran, daß dein Ende kommt? Ich meine, Jungsein ist doch keine Entschuldigung fürs Nichtwahrhabenwollen, oder? Man trifft doch in jedem Alter auf Zeitgenossen, die einen überleben werden!
Solang ich leb, macht mir der Tod nichts aus!
Aber vielleicht trägst du schon den Keim einer Krankheit in dir, der deine Zeit begrenzt?
Sollte es so sein, dann wär mir das Wissen darum erst recht eine Last! Ich sag dir, Ahnungslosigkeit ist der beste Schutz!
Für mich ist jeder ein Mörder. Auch ich bin einer. Mir ist es lieber, wenn andere die Opfer sind. Ihr zuerst – so erhält man sich eine Weile das Später, das Nochnicht. Wie gut, zu sagen, irgendwann bestimmt, aber nicht jetzt gleich, folge ich euch. Das ist ein Kitzel, der wehtut.
Es gibt Bahnhöfe, weltabgeschnitten, Ewigkeiten entfernt, und du fährst an vielen vorbei, dahin unter einem rostgesprenkelten Himmel, unter dir der Boden, er ist grau, wird vielleicht zum Horizont hin etwas heller, um nicht lichter zu sagen, und du brauchst dich nicht zu rühren, denn es bewegt sich kein Rad, trotzdem kommst du vorwärts, bemerkst Gestalten, die winken oder fliehen, wenn sie deinen

Umriß wahrnehmen, plötzlich zappelst du, wie einem Notwehrtrieb gehorchend, an der Notbremse, die durchsichtigen Abteilwände schieben sich zur Seite, und du springst voll verzweifelter Hoffnung in hilfreich entgegengestreckte Arme, und niemand braucht dir zu sagen, hier wärst du daheim, weil du es ganz einfach an der Freude über die verlorene Sehnsucht merkst.

Ich suche nach einem Geheimgang, der zur Seele führt, möchte auf die Rückseite der Bildfläche gelangen. Unter jedem Maulwurfhügel liegt ein Munitionsdepot. Ich nehme Gifte gegen die Verseuchung ein. Hier werde ich von mir entfernt.

Ich beneide jeden, der es geschafft hat.
Manche sind schon vor Millionen Jahren gestorben
oder bereits seit gestern tot.
Nein, ich hätte nicht die Kraft
meine letzte Zigarette zu rauchen
wie es die Todeskandidaten in den Filmen tun
die bis zur Kippe Helden bleiben
nein, ich
würde mir vor lauter Schreien
ins Hemd scheißen
wie ein störrischer Feigling.

Ja, nachdem nun auch der Tod der Literatur geweissagt wurde, schmälern sich die Lebenszeichen noch mehr. Drum kommt mir die Schreibtischplatte wie ein Sargboden vor, die Schublade wie eine Urne; auf dem leichenhemdweißen Papier reihen sich Buchstabenkreuze! Ich bin am Leben, in einem, das ich ablehne, nicht annehme; es wird immer sinnloser, sich Eingeständnisse wegzudenken, die Unhaltbarkeit als Gemütsverfassung abzutun. Ich sinke, und die Träume hängen zu hoch.

Haben Sie eine Ahnung, wie spät es sein könnte?
Wissen Sie, welche Tiergattung das ist, die sich Bedienstete leistet?
Ist der Mensch wirklich ein biologisches Kunstwerk?
Auf Wiedersehn bis nach dem Überleben!

Der schöne Schein geht mir gegen den Schlußstrich. Leute, die wirklich und wahrhaftig gearbeitet haben, sterben meistens gern, wenn sie sich alt geschuftet haben, für sie ist der Tod wie eine lebenslänglich entbehrte Erholungspause; in ihrem Fall wäre das Bedauern eine verspätete Anteilnahme. Krank in der Grube, voll Schweiß und Schwielen, ein paar Ficks, einige Suffs, dazwischen verfressene Feste, mehr Schlaf als Träume, mehr Knochen als Fleisch, jeden Fluch geflüstert, sich wegen jeder erdachten Lasterhaftigkeit geschämt und sie sich aus dem Gewissen gebeichtet, das wär's dann, ja, das war's. Ruhet sanft, ihr habt meine Wünsche beschädigt. Ihre Tränen müssen Haltung bewahren! Fassen Sie sich kurz beim Weinen!
Du kriegst Blumen auf die Augen, Erde in den Mund, dein Gesicht öffnet sich, nimmt den letzten Ausdruck an, wird ungekünstelt, wirkt unverstellt; man kann von ihm ablesen, wie gleichgültig ihm der Betrachter geworden ist. In Gedichten schmiege ich mich an deinen Leichnam, trotzdem beträgt der Abstand zwischen uns Lichtjahre, und das für immer, unwiderruflich. Die Kälte, die aus deiner Haut strömt, hüllt dich ein wie ein Schutzfilm, von dem die Wiederbelebungsversuche abgleiten. Gäbe es jetzt einen Zugang in dich, würde ich mich in dir verirren. Mit dir verschwindet auch das Unerlebte.
Mit wieviel Kränzen kann ein Kindersarg belastet werden, und was wiegen die Schleifen?
Daß wir getrennt werden, aller Voraussicht nach, daß einer von uns leiden muß und der andere nur weinen kann, das preßt mich schon jetzt aus der Zukunft, veranlaßt mich zur gar nicht so verfrühten Frage, wer von uns beiden die Vorteile auf seiner Seite haben wird und welche und wie lange? Du weißt, wenn man liebt, stirbt man immer ein Stück mit, so weit, daß der Vorsatz zur Umkehr verwelkt. ROLLE MEINE ADERN AUF, SCHNITZ KERBEN IN DIE NACHT!
Einmal werde ich alle Unfähigkeiten überstanden haben
all meine Träume belebt
dann kann ich endlich nachzählen, wie oft ich mich

anschlich an die Sucht
Lebensgier zu erlernen, reulosen Genuß
mir ausverleibend.
Jedem Körper, dem ich begegne, schau ich zuerst in die Augen, Mann oder Frau, ganz egal, hinter Vorhängen, vor Mengen oder Massen, ich will sehen, ob sich dahinter jemand spiegelt, dann sag ich, ich liebe dich, oder ich sag nichts, so oder so, ein Ende wird mir klar, eindeutig, einfach, unrettbar. Liebe Freundschaft, du selbstgefällige Seltenheit, wie kann ich lieben, wenn ich mit mir kämpfe, gegen mich für dich? Glaubst du, ich bin auch nicht anders, berechne Bewegungen, die nicht weiterführen, nur weil dadurch die Zeit rasend schnell vergeht, wie wider Willen fast? Aus heiterem Himmel fällt mir ein, daß ich nur teilweise vorhanden bin, stückweise verrotte; wäre meine Hülle nicht voll Innereien, könnte ich die Welt, das Leben, die Liebe in mir tragen, aber so bin ich eher einem blutenden Roboter ähnlich, einem wissenschaftlich Ausgeloteten. Bei meinem ersten seelischen Darniederliegen hätte ich schon merken müssen, daß die Völlerei mit Erwartungen und die Anstrengungen um Genesung nur eine Schwäche in mir hinterlassen würden. Nichts kann mir meine Betonwabe versüßen, niemand meine Wunden zuckern, ich hab mich auf dem Trampelpfad zur Utopie verirrt. Vielleicht wird mit dem Tod die Lebenslüge bestraft. Es macht mutlos, immer nur für einzelne, seltene Augenblicke die Haut zu retten.
In allen Gewässern liegen Kieselsteine, Schädeldecken, Gelenkknorpel, schaukeln Schlingpflanzen, Gedärmekringel; unter jedem Parkplatz liegt ein Grab, zugefüllt mit Kippen und Korken. Warum sterben die Vögel nicht in der Luft und stürzen zum Himmel hinaus?
Das ganze Leben besteht aus vielen kleinen Beendigungen, nach denen immer wieder das Weitermachen angefangen wird, meistens wie vorher, hoffnungslos unglücklich erst dann, wenn die Lebenden ringsum im Hintergrund verschwinden.

Gestern wollte ich leben. Vorgestern nicht. Heute überlege ich mir die Gründe. Morgen faß ich vielleicht einen Entschluß. Nein, heute les ich keine Geburts- oder Sterbeanzeigen, weder die Statistik der tödlich verlaufenen Arbeitsunfälle noch die Eskapaden todgeiler Abenteurer. Es ist meine lebhafte Gewißheit, nicht total normal zu sein.

Du wirst sehen, wenn dir die Augen brechen. Du wirst erst hören, wenn du endlich vollkommen schweigst. Du denkst an ein Grab, als könntest du nicht auch von deinen Freunden oder Feinden gefressen werden. Die Waffen welken nicht.

Tut Ihnen etwas weh?

Haben Sie Schmerzen?

Wo?

Hier?

Alles quält sich?

Ja!

Antworten Sie bitte!

Erwidern Sie etwas auf meine Fragen!

Ja!

Wie bitte?

Warum schreien Sie nicht?

Die Luft wird zu Erde?

Sie sinken aufwärts?

Ja?

Ich wollte sterben, als hätte es dazu meiner Hilfe, meines Zutuns bedurft. Zu abgetötet erwachte ich aus den Rettungsversuchen. Ich war schon zu nah am Tod, um wieder ins Leben zurückzufinden; seitdem versuche ich Begriffe wie Ewigkeit, Endlosigkeit, Unendlichkeit, Immerzu, Nieendend mir ins Gefühl zu verdolmetschen, empfinde Umkehrgelüste, dringe in mich ein, spazier unterm Schädeldach durch einen Gang, dessen Ende, einen hellen Fleck, ich deutlich seh, sich aber immer weiter von mir entfernend, je krampfhafter ich darauf zuzustreben trachte. Aus den Wänden wuchern Gesichter von Politikern, kriegerisch geschlachteten Zivilpersonen, Rockstars, anderen,

Faschisten, vereiste Bartstoppeln, verbundene Zähne – all das zieht auf meinem schwebenden Flug rückwärts und rücklings an mir vorbei; ich spüre Kälte, sie wirkt sanft. Ich muß durchstoßen, meine Raketen im Kopf zünden, durchstoßen durch diese schmerzende Angst, mich annabeln ans Nichts. Ich schalt am Fernseher herum, verkriech mich hinter ein beleibtes Buch, wart drauf, daß die Zeit stillhält, schneid Kalenderblätter entzwei, um das Hier und Jetzt zu verdoppeln, zupf mir die Hautsäcke zurecht, wickel mich ins Bett, reib mich an Fliesen, bin drauf und dran, mich unnütz zu betätigen, mit Problemen zu kokettieren. Weg da, noch nicht, ich schacher um jeden Atemzug, hab einiges vor, beginn doch erst; keine Träne, hart bleiben, eiskalt und gefügig, verrannt in Ausweglosigkeit. Ich will kein anderer werden, ohne je anders als die andern gewesen zu sein.

Guten Morgen, du noch nicht Geborener
guten Abend, du vor mir Gestorbener
erzählt, wie es war, wie es wird
sagt, lebt man nach dem Tod so
daß man Tag und Nacht nicht fühlt, kein Jahr zählt
Liebe träumt
ja?

SEID STILL! ICH HÖRE NICHTS. MEIN ATEM SINGT. SEID LEISE! MEIN HERZ IST SO STUMM. EUER SCHLAF MACHT MICH TAUB!

Fritz Deppert

Wenn die Krematoriumsorgel
das Largo intoniert,
liege ich,
Kinnbinde und gefaltete Hände,
zwischen Oleanderkübeln
und unterscheide nicht,
ob es von Händel
oder Mick Jagger herrührt;
ich unterscheide ebensowenig
die Gesichter jenseits der Kranzschleifen,
Flugzeugentführer oder Heilige,
Folterer oder Geschworene.
Darum vergesse ich, was Angst ist,
und beschreibe mit noch beweglichen Händen
in Schönschrift
Brennessel, Gras und Pflasterstein.
Es bleibt genug,
was ich bereuen werde,
weil ich's zu beschreiben unterließ,
könnte ich's noch
mit dem Holzdeckel überm Kopf.

Kein Doppelgänger

Ich stehe auf der einen Straßenseite. Ich beobachte die Tür des Hauses auf der andern Straßenseite. Ich beobachte den Mann, der auf die Tür zugeht. Er hat noch drei Schritte zu gehn, er streckt die Hand mit dem Schlüssel aus. Es ist seine rechte Hand. Der Schlüssel, ein Schlüssel für ein Zylinderschloß, hängt an Ring und Kette aus einem braunen Ledermäppchen. Der Mann ist etwa fünfzig Jahre alt. Er trägt braune Schuhe, eine braune Hose mit Gürtel, ein kariertes Hemd, grün, weiß, schwarz. Die Kappen der Schuhe sind fleckig, verstoßen, wie bei einem Kind, das mit Blechbüchsen Fußball spielt. Auch ich trage braune Schuhe, die Kappen meiner Schuhe sind fleckig, verstoßen, auch ich trage eine braune Hose mit Gürtel und ein kariertes Hemd, grün, weiß, schwarz. Auch ich bin fünfzig Jahre alt.
Er steht an der Tür, er schließt sie auf. Ich sehe sein Gesicht nicht. Ich brauche sein Gesicht nicht zu sehn, ich kenne es. Ich kenne die zwei Falten über der Nasenwurzel, die Augenfarbe, den Mund, das Kinn, die Backenknochen. Ich muß nur den Taschenspiegel aus der Hemdtasche nehmen, dann kann ich das Gesicht solange anschaun, wie ich möchte.
Nachdem der Mann im Haus verschwunden ist, gehe ich über die Straße, nehme meinen Schlüssel aus der Tasche, stecke ihn in das Zylinderschloß, er paßt, ich schließe auf. Er wird schon auf mich warten. Unsere Wohnung liegt im ersten Stock. Zwei Zimmer mit Kochnische und Bad. Im ersten Zimmer Gestelle mit Büchern, seine Bücher, meine Bücher, die Sitzecke, das Radiogerät, das Fernsehgerät, der Schreibtisch, das Fenster, die Vorhänge, die Bilder an den Wänden, meine, seine, seine, meine. Das zweite Zimmer ist unser Schlafzimmer. Dort stehn der Kleiderschrank, das Bett, der Tisch mit Radiowecker und den Büchern, die wir lesen, er und ich oder er oder ich.

Er und ich. Oder ich und er. Es ist gleich, wen ich zuerst nenne. Er ist weder mein Doppelgänger, noch mein Zwillingsbruder. Um erklären zu können, wer ich bin, muß ich mit seinem fünfzigsten Geburtstag beginnen. Am Tag danach bin ich in die Welt gesetzt worden. Ohne ihn und seinen fünfzigsten Geburtstag wäre ich nicht, aber auch er kann ohne mich nicht mehr leben, wie er lebt. Altwerden und das Wissen ums Altwerden sind die Ursachen, daß er mich in die Welt gesetzt hat. Die Jahre vorher müssen schwierig gewesen sein. Nicht, weil er ohne Familie lebte, niemand ihn bewunderte, bedauerte, bemutterte, niemand da war zum Anschrein, wenn ihm danach zumute war. Daß er keine Wunder und keine Heldentaten vollbrachte, hatte er begriffen und verdaut, die Bauchschmerzen, Enttäuschungen, Depressionen kamen ihm bereits wie eine überwundene zweite Pubertät vor. Er hatte jedoch nie wahrhaben wollen, wenn ihm einer prophezeite, mit Fünfzig wirst du merken, daß du alt wirst, du wirst auf deinen Körper Rücksicht nehmen müssen, die Pläne, die du machen wirst, werden bescheidener sein müssen. Dann kamen die Fünfzig wie ein Fixpunkt, den er anstarrte, näher. Er hörte schlechter, oder er bildete es sich ein, er brauchte eine neue Brille, ein Teilgebiß, ein Herzmittel. Er fing an zu merken, daß es irgendwann ganz aus sein würde, und versuchte, es sich vorzustellen; es gelang nicht. Er fing an, okkulte Bücher zu lesen. Er prüfte die Falten in seinem Gesicht und dachte, wie schaff ich's, nicht alt zu werden, oder wie schaff ich's, nicht daran zu denken. Dann kam ich, und das Altwerden oder das Denken ans Altwerden oder Nichtaltwerden bekümmerten ihn nicht mehr.
So einfach ist das. Oder so kompliziert.
Als er am Morgen nach seinem fünfzigsten Geburtstag aufwachte, war sein Kopf leichter auf den Schultern als sonst. Als könnte er schweben. Gleichgewichtsstörungen. Sie schärften seine Fantasie. In diesem Augenblick setzte er mich in die Welt, Ebenbild, gleichaltrig, von gleichem Aussehn, mit gleichen Vorlieben und Gewohnheiten. Und nicht Ebenbild. Ich werde nicht krank, ich altere nicht, ich

veränder mich nur äußerlich, um mich ihm anzupassen, ich habe keine Depressionen, ich lasse mich nicht unterkriegen. Wer so entsteht, wie ich entstanden bin, ist solchen Spielregeln oder Gesetzen nicht unterworfen. Weil nur er mich sieht und er rasch gelernt hat, mich nicht anzureden, wenn andre dabei sind, bleibe ich sein Geschöpf. Sein Schatten bin ich nicht, denn manchmal löse ich mich von ihm. Wenn ich nicht mit ihm gehe, stehe ich auf der andern Straßenseite dem Haus gegenüber und warte. Er kommt zurück, von der Arbeit, vom Einkauf, von einer Einladung, dann braucht er mich, dann ist er mein Geschöpf.

Er sieht sich, wie ich ihn sehe, von der andern Straßenseite, übern Tisch weg. Er denkt, wie ich denke. Was ihm geschieht, Kopfschmerzen, Herzbeschwerden, Neid, Spott, Mißerfolg, Erfolg, steckt er weg, wie einer, den es nicht betrifft. Ich sitze ihm gegenüber. Ich sage kein Wort, sehe ihn an, seine Handbewegungen, seine Gesichter, höre ihm zu, Wort für Wort, Satz für Satz. Die Antworten, die ich geben könnte, gibt er selbst. Manchmal nicke ich, oder ich lächle ihm zu, wie jetzt im Spiegel. Er bindet seine Krawatte. Ich werde die Einladung gut überstehn, sagt er, es kann spät werden, bis ich wiederkomme.

Er geht. Ich stehe noch vor dem Spiegel. Bevor ich die Wohnung verlasse, prüfe ich, ob ich den Schlüssel in der Tasche habe. Ich schließe ab, gehe die Treppe runter, gehe über die Straße zu der Laterne auf der andern Seite. Ich mag ihr Licht und den Metallmast, ich lehne mich dagegen und warte. Wenn Spaziergänger mit Hunden vorbeikommen, trete ich zwei Schritte zurück; ich fürchte, die Hunde könnten knurren und auf mich aufmerksam machen. Ich genieße es, ohne ihn zu sein. Stille, keine gesprochenen Sätze, keine Gerüche, keine Spiegelbilder. Es ist, als existierte ich nicht mehr, bis ich seine Schritte höre. Ich zähle sie. Ich schätze ab, wann er an der Tür sein wird.

Er hat noch drei Schritte zu gehn. Er streckt die Hand nach dem Schlüssel aus. Er steht an der Tür, er schließt sie auf. Ich sehe sein Gesicht nicht. Ich brauche es nicht zu sehn.

Günter Müller

Zum ersten Mal habe ich den Tod eines Menschen und seine Beerdigung bei meinem Großvater erlebt. Damals war ich etwa zehn Jahre alt. Seitdem haben sich in meiner Erinnerung Bilder und Geräusche festgesetzt, die in Momenten der äußersten Gefährdung immer wieder und in mörderischer Eindringlichkeit auftauchen. Am intensivsten ist die Todesangst in den Augenblicken, in denen ich seelisch und körperlich empfinde, wie groß die Gefahr ist, an sich selbst zu sterben.

Die Entstehung eines arktischen Bewußtseins

I

Es war für ihn beängstigend leicht, in der Hochsaison Sonderurlaub zu bekommen. Zwar sagte man nicht sofort ja, aber die Bedenkzeit seitens der Geschäftsleitung war doch wesentlich kürzer als seine eigene.

Eigentlich gab er nur dem ständigen Drängen seiner Frau nach, die diese Nordland-Seereise unter allen Umständen machen wollte. Noch bis zum letzten Augenblick hatte er gehofft, man würde ihm mitteilen, er sei unabkömmlich.

Dann hätte es sicher von ihr Tränen gegeben, auch Beschimpfungen. Wieder die Firma, hätte sie gesagt. Wahrscheinlich wäre sie auch jeden Tag in die Stadt gefahren, zum Einkaufen, vor Wut. Aber für ihn hätte sich die tägliche Angst bei der Arbeit als eindeutig grundlos erwiesen.

Nichts dergleichen jedoch geschah. Sie ließen ihn fahren, wünschten ihm sogar eine gute Reise und angenehme Tage auf See. Einige beneideten ihn ehrlich, wie sie sagten, und er konnte nicht herausfinden, ob das aufrichtig gemeint war oder aus taktischen Gründen geschah. Sie hielten es nicht einmal für nötig, sich nach einer Möglichkeit zu erkundigen, wie man ihn für alle Fälle auch an Bord erreichen könnte.

Noch bis zum Ablegen des Schiffes überlegte er ernsthaft, ob er nicht anrufen und sich erkundigen sollte, ob auch alles seine Richtigkeit habe.

Seine Frau aber wünschte sich nichts sehnlicher als diese Reise. Vom Anblick des Schiffes war sie begeistert, von seiner Ausstattung überwältigt, die Geräumigkeit der Kabine überraschte sie, die Möglichkeiten an Bord fand sie phantastisch.

Als das Schiff den Hafen verließ, stand er neben ihr an der Reling. Sie winkte unbekannten Leuten auf der Mole zu,

bis sie sich in der Ferne mit dem grauen Mauerwerk vermischten und nicht mehr zu erkennen waren.
Gleich darauf ging er neben ihr in die Kabine hinunter. Sah ihr zu, wie sie sich sorgfältig frischmachte und sich die Haare frisierte; half ihr nach ungeduldiger Aufforderung in das Abendkleid; zog den von ihr bereitgelegten Smoking an und begleitete sie zum Willkommensdinner in den hell erleuchteten Salon. Ein Steward dirigierte sie dort an einen Tisch, zu einem entsprechenden Ehepaar, und er hörte zu, wie aufgeräumt sie die Konversation begann.
Unter anderen Umständen hätte ihn dieses Verhalten amüsiert. Aber in jüngster Zeit hatte man einiges entschieden, ohne ihn vorher nach seiner Meinung zu fragen. Besprechungen fingen an, bevor er anwesend war; schon zweimal hatte bei wichtigen Umläufen sein Name im Verteiler gefehlt, und woher sollte er wissen, was geschah, während er hier saß, tatenlos und eingezwängt in ein im Laufe der Zeit zu eng gewordenes Jackett, das man ihm vor Jahren als zeitlos verkauft hatte.
Er fühlte sich übervorteilt und ausgebootet, und plötzlich begann der Boden unter seinem Sessel zu schwanken. Er fühlte sich hochgehoben und gleich darauf an den Sitz gepreßt. Die Stimmen um ihn verstummten alle auf einmal. Er fühlte die Hand seiner Frau, die sich an seinen Arm klammerte.
»Kein Grund zur Beunruhigung«, versicherte der Steward im Vorbeigehen, »nur ein bißchen rauhe See!«
»Man muß sich ablenken, das ist das beste Mittel«, sagte seine Frau. Sie vermied deutlich eine nähere Erklärung und schlang das Essen in sich hinein. In einer Menge und mit einer Geschwindigkeit, die er noch nie bei ihr gesehen hatte.
Das andere Ehepaar stand wortlos auf und wankte, wie viele andere, hinaus.
Durch ein Bullauge sah er, daß der Horizont in Bewegung geraten war: Er hob und senkte sich gleichmäßig, langandauernd und unaufhörlich.

Die linke Hand seiner Frau krallte sich immer häufiger und immer fester in den Ärmel seines Jacketts. Das Essen hatte sie aufgegeben. Sie wollte nur noch in die Kabine und sich hinlegen. Er half ihr beim Aufstehen und brachte sie hinaus. Sie hing an seinem Arm wie schon lange nicht mehr. Sicherheitshalber legte er den Arm um ihre Schulter. Sie lehnte ihren Kopf mit der Stirn an seinen Hals. Sie ließ sich führen und auf das Bett legen, antwortete nicht, als er fragte, ob er noch etwas für sie tun könne.
Vor dem Spiegel klapperten die Cremetiegel und Parfumflaschen. Der Kunststoffkopf für die Zweitfrisur war vom Tisch gefallen und kam auf ihn zugerollt. Er sprang erschreckt zur Seite, der Kopf verfehlte ihn nur knapp und verschwand unter dem Bett. Gewisse Dinge ließen ihn nicht los. Wenn die Terminsache heute nicht erledigt wurde, war es morgen zu spät. Und es gab sicher Leute, die nichts Eiligeres zu tun hatten, als ihm die Schuld zu geben. Dabei hatte er das Menschenmögliche versucht, in der Kürze der Zeit. Nach menschlichem Ermessen war eine Terminüberschreitung ausgeschlossen. Sollte es dennoch dazu gekommen sein, dann war die entsprechende Aktennotiz jetzt bereits vorformuliert. Sie würde morgen früh diktiert werden und dann obenauf in der entsprechenden Vorgangsmappe liegen. Dort würde er sie nach seiner Rückkehr vorfinden, wenn er sie noch vorfand.
Sie lag in ihrem Bett mit ihrer Krankheit, stöhnte und fuhr sich immer wieder mit beiden Händen über das schwitzende Gesicht, verwischte dabei Make-up, Lidschatten und Lippenstift. Vor seinen Augen entstand eine furchterregende Maske; so hatte er sie noch nie gesehen.
Alles um ihn geriet ins Wanken. Was nicht vollkommen feststand, stürzte um. Für Sekundenbruchteile erlosch das Licht, blitzte dann jedoch um so greller wieder auf.
Den Kopf sah er zu spät. Er traf ihn direkt vor das Schienbein und war sofort wieder, weiß und gesichtslos, unter dem Bett verschwunden.
Er rannte aus der Kabine und durch den Flur, vorbei an

Leuten, die sich mit geschlossenen Augen gegen die Wand gelehnt hatten und anderen, die teilnahmslos auf den Treppenstufen hockten, sich den Leib hielten oder den Kopf. Der Fußboden zitterte, die Wände schwankten.
»Na«, schrie ihm jemand nach, betrunken und böse, »Neptun opfern gehn?«
Am Ende war das Heck des Schiffes und aufgewühltes Wasser.

II

Seinem Großvater verbot sein Onkel das Betreten der Werkstatt, ein Jahr nachdem er die Tischlerei von ihm übernommen hatte. Kurz darauf stieg der alte Mann im Hof auf einen Holzstoß, fiel herunter und brach sich den Oberschenkelhals.
Wenig später kam er zu Besuch, weil man in dem ganzen Durcheinander vergessen hatte, ihm abzuschreiben.
Er war dabei, als in der guten Stube der Bücherschrank als Trennung in die Mitte des Raumes gerückt und dahinter ein Bett aufgeschlagen wurde. Dahinein legte man den Großvater, weil er, wie es hieß, auch noch am Leben teilnehmen sollte. Wenn sie abends im vorderen Teil des Zimmers saßen, war hinter dem Schrank nur Schweigen, und auch die Fragen des Onkels, was der Großvater auf dem Holzstoß zu suchen gehabt habe, blieben unbeantwortet. Er starb kurz nach seiner Abreise, und deshalb war er wenige Tage danach, diesmal mit seinen Eltern, schon wieder dort. Er saß in einer feuchtkalten Kapelle, ging hinter einem Sarg her und hörte zum erstenmal in seinem Leben bewußt das Geräusch, das Erdklumpen verursachen, wenn sie auf einen Sarg poltern. Dieses Geräusch empfand er noch, als die Erwachsenen sich schon an den alten Knaben erinnerten, der ein feiner Kerl gewesen war, und ihn hochleben ließen, und eigentlich nur noch die Musik fehlte.

III

Der Schmerz in seinem Innern begann irgendwann in den letzten Jahren. Urplötzlich und unerklärlich, irgendwo unten in der Magengegend. Er ging damit zum praktischen Arzt, zum Internisten, zum Röntgenologen, zum Urologen, zum Neurologen, und alle stellten nichts Ernstzunehmendes fest.

Um sie nicht zu beunruhigen, erzählte er ihr davon kein Sterbenswort, und auch nicht, daß er in den meisten Nächten die vergeblichen Einschlafversuche aufgab und in der Wohnung umherlief, während sie im Schlaf ruhig und gleichmäßig atmete.

Sie erfuhr nicht, wie todmüde er jeden Morgen ins Büro fuhr, sich dort im Waschraum frischzumachen versuchte und Tabletten nahm (eine mit der Zeit immer größere Dosis), um arbeitsfähig zu sein.

Sie lag jetzt unten in der Kabine, schweißnaß und stöhnend, mit verwüstetem Make-up und ruinierter Frisur. Alles war ihr gleichgültig, worauf sie bisher soviel Wert legte. Er beneidete sie darum. Sie konnte einfach daliegen, mußte nichts mehr denken und nichts mehr sagen. Wahrscheinlich nahm sie sogar den Tod in Kauf, weil dann alles vorüber war.

»Sie haben zuviel Phantasie!« sagte sein Chef zu ihm. »Sie stellen sich immer genau vor, was passiert, wenn . . . das lähmt den Killerinstinkt, den man heute braucht im Kampf mit der Konkurrenz. Ich befürchte, Sie sind sogar imstande, sich ihren eigenen Tod in allen Einzelheiten auszumalen!«

Sein Großvater jedoch lag hinter dem Schrank und schwieg zu allem was geschah. Auch zu der Behauptung, man tue das nur ihm zuliebe; dabei wußte doch jeder, daß es nur der Tante zu viel Mühe machte, ihn in der Altenteilerwohnung im hinteren Teil des Hauses zu versorgen.

Er verstand das Schweigen seines Großvaters hinter dem Schrank. Und damit hörte der Schmerz in seinem Innern auf, die Leute verschwanden aus seinem Blickfeld, jemand

faßte ihn an, er spürte deutlich, daß er zu schweben begann.
Dann war er Patient und Arzt in einer Person. Er lag in einem angenehm schaukelnden Zimmer bei matter Beleuchtung, beugte sich im weißen Kittel über sich selber. Schüttelte den Kopf über sich und sprach von totaler Erschöpfung und dem Wahnsinn, sich in diesem Zustand noch den Strapazen einer solchen Reise auszusetzen.
Er war erleichtert, daß es ihm inzwischen gelungen war, seine Frau auf der Krankenstation unterzubringen, wo sie sich ganz ihrer Krankheit hingeben konnte, und erklärte sich den Irrtum vieler Leute mit ihrer Unwissenheit.
Die Krankheit ging keineswegs vom Magen aus, ihre Ursachen waren im Kopf zu suchen.
Für alle Fälle machte er sich eine Injektion. Im Büro geschah nichts mehr. Alle saßen auf ihren Plätzen, die Zwischenwände wurden nicht eingerissen, die Vorgangsmappen lagen unberührt, der Ruf zum Chef unterblieb.
Seinen Großvater trugen sie hinaus. Das Bett wurde abgeschlagen, der Schrank wieder an seinen angestammten Platz gestellt. Die Beerdigung fand in aller Stille statt, selbst die Erdklumpen fielen lautlos auf den Sarg, das Gerede der Hinterbliebenen blieb ihm erspart.
Er sah des öfteren nach sich, wies die Schwester an, nicht mit aller Gewalt zu versuchen, sich selbst zu füttern. Viel wichtiger war ihm die Ruhe und der tiefe Schlaf. Auch eine weitere Injektion erachtete er als nicht mehr notwendig.
Die Lautsprecherdurchsagen dagegen blieben unklar. Es war von Längen und Breiten die Rede und von Eis. Er begriff, daß er unbedingt als erster die Sache ergründen mußte, um dann, aus einer Position der Stärke heraus, über den weiteren Gang der Dinge verhandeln zu können.
Er war überrascht, sich noch im Bett zu finden, nach allem, was er schon für sich getan hatte. Er stand auf und kleidete sich an. Der Lautsprecher sprach vom Näherkommen der Eisgrenze. Sicherheitshalber nahm er seine Kamera mit, ging mit ruhigen Schritten an Deck und sah vor sich in der

Ferne einen weißen Strich, der mit Wasser und Himmel verschwamm. Er hob die Kamera und fotografierte.

»Sie werden nichts erkennen«, sagte jemand ganz in seiner Nähe.

»Genauso werde ich es ihnen erklären«, entgegnete er kalt, »das, was ihr im Hintergrund nicht seht, das ist das ewige Eis!«

Gabriele Wohmann

Bei diesem Gedicht wird es mir immer leicht fallen, mich an den Anlaß zu erinnern. Er ist sehr konkret und sehr persönlich. Als ich es schrieb, stand ich ganz unter dem Einfluß einer Todesprophezeihung für meinen Vater. Sein Arzt hatte mich für erwachsener gehalten und ins Vertrauen gezogen. Daß ich daraufhin monatelang im Zustand von Sorge, Befangenheit, Verschweigen, vorweggenommener Trauer lebte, empfand ich dauernd unter anderm auch als Untreue. So eingeweiht zu sein, kam mir verräterisch vor und unangemessen zugleich. Einem Vater gegenüber einfach nicht in der richtigen Rolle. Der Arzt hatte sich im Zeitraum sehr verschätzt. Die Zeit als lang und als Wartezeit an mir zu beobachten, war wie eine zusätzliche Gemeinheit von mir, oder ich sah es so. Und erwischte mich selber doch bei meinem täglichen Weitermachen, in dem die gewohnten Freuden ja nicht ganz verschwanden. In ein Restaurant gehen, beispielsweise. Immer beladen mit dem Wissensstoff über Herzen, über die miserablen angina-pectoris-Bedingungen für das Herz meines Vaters, über meinen Vorteil – aber auf diese Weise war ja wenigstens mein eigenes medizinisch noch freigesprochenes Herz doch auch überhaupt nicht GESUND. Viel »Schreibstoff« eigentlich in dieser Zeit, und auch darüber, über diesen Mechanismus Wirklichkeit – Verwendung, die furchtbar gemischten Gefühle.

Alte Herzen – Schwere Herzen

Alles ist entschieden unbequemer geworden
Leider weiß ich daß mein späterer Sterbetermin (meine Verspätung ist,
medizinisch gesehen, zu vermuten)
Sofern kein Unfall mir dazwischen kommt und ich doch vor dir dran bin
Leider normal ist, mein Überleben, dir sehr recht ist, das du gutheißt
und dir dringend wünschst
Mein Verbrechen: mein besseres Befinden, mein Weitermachen,
meine dauernd wieder herstellbare Gesundheit
Sogar meine Verabredung im Wildrestaurant freut dich sehr
Obwohl ich dich völlig vergesse, vertieft in die richtige Zusammenstellung
auf meiner Gabel
Mit vollem Mund den kommenden Bissen planend
Verdammte Chancenungleichheit des Leistungsabfalls unserer Herzen
Aber trotzdem interessiert mich jetzt meine nächste Viertelstunde
Und das ist eine sehr gute Viertelstunde, weißgott
Weiß Gott, doch ja, der weiß es, daß ich auch während ich offenkundig
und erkennbar
Gar nicht leide unter den Gramm für Gramm in der Zunahme meines
Herzgewichts
Hinter der Zunahme deines Herzgewichts – Gramm für Gramm –
zurückbleibe

Vom 30. Lebensjahr an spätestens haben zwar auch bei mir
die Altersveränderungen angefangen
Aber du bist einfach ziemlich viel älter, mein Vater,
ich zähle aus Feigheit nicht diese Jahre
Und womit ich dich sonst noch dauernd übervorteile –
du hast ja keine Ahnung
Im Gegenteil: dir ist sogar alles lieb und teuer, was meine
Lage
der deinen gegenüber so erheblich verbessert
Mal rein phyiologisch gesehen, ich rede jetzt mal nur von
der Biochemie
Und deren Ungerechtigkeiten, die mir zu schaffen machen,
während du
sie ganz normal findest
Was könnte ich denn mehr für dich tun (ach stell dich nicht
so
als falle dir nicht in jeder Minute MEHR ein,
Viel mehr Freundlichkeit beispielsweise, Anwesenheit, ein
Gefallen,
Der tatsächlich sogar mal über den vorsichtig von dir erbe-
tenen Gefallen
hinausgeht –
Jede Übertreibung wäre nur das Geringste)
Meine herzlichen Kartengrüße von den Schauplätzen
Auf denen meine Begünstigungen stattfinden (du hältst
deine Ruhepause
nach der Strophantinspritze ein)
Rühren dich sehr. Du hast mich so gern. Ich habe dich so
gern. Du aber
bist der Meinung
Mit Rücksicht auf mich selber solle ich mit dem Gernhaben
ruhig ein bißchen maßhalten.
Deine gute Meinung von mir ist nicht umzubringen: fallen
dir denn
meine Mangelerscheinungen im Konkreten, Praktischen
Nicht auf, meine Aphasien, mit den 4–10 Wörtern zu wenig
Wirklich, du liebst mich wie ein Vater, mein Vater, immer

bereit,
Eine abgesagte Verabredung im Kaffeehaus hinzunehmen,
weil ich keine Zeit habe oder sowas
(Nicht nur: hinzunehmen: du redest mir gut zu, das alles
ganz
in Ordnung zu finden, Ruhe Ruhe, mein Kind)

Die Art deiner Erkrankung läßt mich dummerweise nicht
definitiv
bestimmen
Nicht schonender für mich
Wann du an der Reihe bist, also: wann ich, da oder dort,
unabkömmlich sein werde
Sofern du dich vor digitalisverwandten Substanzen hütest,
die, ganz eindeutig,
Bringen dein Reizleitungssystem tödlich durcheinander
und das wäre ein Termin
Hüte dich davor, sage ich dir am Telefon, ich sage nicht zu-
sätzlich
(Weil mein Überschwang, diese Krankheit von mir, euch
eigentlich
immer nur belastet und verlegen macht)
Wie sehr (trotz meiner neuen, noch nicht ausreichend be-
lastbaren
Beziehung zum Himmel: vorm Einschlafen)
Ich möchte, daß du, jedesmal wenn ich dich anrufe, doch
noch lebst.

Wenn es aber so weit ist und wenn die krankhaften Verän-
derungen
an den großen und kleinen Kranzgefäßen
Am Herzmuskel und in der Wand der kleinen Blutgefäße
endgültig
nicht mehr rückbildungsfähig sind
Und wenn es so weit ist, daß die Medikamente
darauf keinen Einfluß mehr haben
Wenn es also aus ist mit dir, verdammt,

dann wird mir schon ein Trick einfallen
Um nicht da zu sein, wohin ich gehöre, wo ich nie ausdauernd genug war
Wo ich gerade jetzt besonders dringend sein müßte,
ein besonders dringender abscheulicher Trick
Eine Finte, und ich bin nicht bei dir,
bei dem letzten und schwierigsten Atem deines Lebens
Nicht in meinem wichtigsten Augenblick als dein Kind,
deine nur den Daten nach reichlich erwachsene Tochter
Auch das, auch dieses Schwerste unter meinen Verbrechen,
leuchtet dir ein
(Bei einem Tod durch tödliche Herzschwäche bleibt der Verstand
unbetroffen
Und macht weiter, du machst weiter damit, mich gernzuhaben)
Mich inmitten meiner schrecklichsten Ausrede,
in ziemlich großer Entfernung
Mit der ausgepichten List, eben noch ermittelt zu haben
Wann du zum letzten Mal schlucken kannst, einen Finger bewegen,
irgendwas denken
Unter anderm an mich, liebevoll wie immer und zuletzt vielleicht
noch am intensivsten
Während ich in einem der in Aussicht genommenen Hotels
Mich sehr kurzfristig ansagen werde (Gutes Hotel, 3 Sternchen,
Michel, Bad + WC, ruhige Lage)
Keiner weiß was oder jeder hält es für dienstlich:
daß ich schleunigst verduften muß
Mich aus dem Staub mache, aus deiner letzten Reichweite
Vor der Leichenstarre, vor der zwingendsten Gründlichkeit
meiner Verzweiflung
Die Angehörigen werden mich vertreten und dir tut es so-

gar leid für mich
Daß ich diese erheblichsten Minuten bei dir verpasse, leid für mich,
hauptsächlich.

Anderswo werde ich mit mehr Ruhe leiden können, stelle ich mir vor
Nicht so abgelenkt von den trivialen schrecklichen Begleitumständen
Von den furchtbar nützlichen Handreichungen, den Maßnahmen,
den Organisationen, die schon über dich hinausgehen
Aus der Entfernung werde ich dich schwer betrauern,
schwerer geht es doch kaum
Tiefer bohrend, aber ohne mir die Hände schmutzig zu machen
Die Dreckarbeit überlasse ich denen die für ein so universales Nachdenken
über dich doch nicht zuständig sind
Trotzdem wird mir ein Tiefausläufer, ein Geruch im Hotelzimmer,
ein Anflug von Zahnweh
Nicht egal sein sogar an diesem Morgen
Den die Art deiner Erkrankung mich nicht genau terminieren läßt.

Ich war es, die der Facharzt gewarnt hat,
nicht die andern zukünftigen Leidtragenden
Mich hat er ausersehen dazu mit deinem Tod herumzulaufen
Ich war's ihm wert über dich informiert zu werden
Das bestätigt mir doch meinen Verdacht, der auf mich fällt
am besten qualifiziert zu sein für das Unglück, für meine Fähigkeiten
im Trauern.

Selbstverständlich ist alles entschieden unbequemer geworden
Ich muß jetzt dauernd meinen Alltag
an deiner schlechten Lebenserwartung prüfen
An deinen Schwierigkeiten bei der Sauerstoffversorgung
Muß ich meinen Freiheitsspielraum messen
Schwere Herzen, was wollen Sie, am Ende tötet doch
so eine verdammte elektrische Störung im Gehirn
(Mein eigenes Herz ist nur auf der Waage leichter, mein Herz ist schwer)
Diese paar Gramm zu viel in deiner letzten Lebensdekade
sind lediglich üble Komplizen
Bei den allgemeinen physiologischen Machenschaften in dir gegen dich.
Und ich kann kein Sauwetter mehr vorschieben, keine Überarbeitung
Ich kann eine Gelegenheit nicht mehr nicht benutzen
Ich kann eine Möglichkeit nicht mehr nicht ergreifen
Ich kann keine Unterhaltung
über den Wald mehr
in den Wind schlagen
Ich kann keinen Treffpunkt
mehr nicht geeignet finden
Ich kann keine Zeit für dich nicht mehr nicht aufbringen
Ich kann das Kaffeehaus, das du gern hast, nicht mehr nicht diese Woche
besuchen
Diese kleine Freude da muß ich dir auch machen
Dich beinah so gut behandeln wie es nötig wäre –

Wenn man alles zusammenfaßt, mein gewissenhaft schlechtes Gewissen
Meine feste und ernste Absicht, in voller Bandbreite
und allen Dimensionen untröstlich zu sein
Kann die Frage nach meinem Elend gar nicht mehr gestellt werden.

Warum schmeckt mir die Mahlzeit?
Warum schiebe ich eine Haarsträhne da hin
Warum bücke ich mich nach dem Taschentuch,
warum lasse ich es nicht wegfliegen
Warum verschwende ich auch nur einen einzigen Gedanken
an das Sturmtief
Warum wasche ich mir dauernd die Hände
Nicht in Unschuld

Otti Pfeiffer

Mein Onkel starb an Lymphdrüsenkrebs. Der Mann meiner Freundin an Zungenkrebs. Ihr Sterben verlief in immer makabrer werdenden Stationen, es erfüllte mich mit Entsetzen. Zur gleichen Zeit bekam ich eine Kehlkopfentzündung, die ich aus Angst vor der ärztlichen Diagnose verschleppte. Aber es war nur eine Entzündung . . .

Vertrauensarzt

Ich muß zu einem Arzt gehen. Ich möchte einen Arzt finden, zu dem ich Vertrauen haben kann. Wie findet man einen Vertrauensarzt? Ich weiß es nicht. Ich versuche mein Glück. Ein Hals-Nasen-Ohren-Arzt hat sowieso nur Laufkundschaft. Was kann man haben außer Stirnhöhlenvereiterung, Mandelentzündung oder Schwerhörigkeit? Ich habe etwas im Hals, tief unten im Hals, man kann im Spiegel nichts sehen, keine Eiterstippchen, keine Rötung. Ich rauche zuviel. Es werden die Bronchien sein.
Auf dem Weg zur Post komme ich an einem Schild vorbei: Hals-Nasen-Ohren-Arzt. Das Haus ist alt. Das Schild ist alt. Neben dem Eingang eine hypermoderne Apotheke. Ich kann die Schmerzen noch ertragen. Mit ein paar Lutschpillen ist es getan. Wozu brauche ich einen Vertrauensarzt?
Wirklich, ein altes, schäbiges Haus, mit Bohnerwachs gepflegt, Farbe hätte den Wänden gutgetan. Praxis 1. Etage.
Das Fenster auf dem Treppenabsatz zerlegt ein Stückchen Himmel in vier Teile, das hölzerne Treppengeländer ist kühl an meinen Fingern.
»Hier klingeln!« Ich klingele. Ein Summton zeigt an, ich darf eintreten. Hier ist alles sauber, aber alt und unfreundlich. Ich sollte wieder gehen.
Der Arzt steht im Türrahmen seines Behandlungszimmers und ruft mich herein.
»Welche Krankenkasse?« Ich sage es ihm. Er hat keine Sprechstundenhilfe. Ich stehe mitten im Raum, schaue mich um: kein weißblitzender medizinischer Maschinenpark, nein, eine braune Praxis, abgeschabtes, braunes Leder auf dem Behandlungssessel, brauner Schreibtisch, vergilbte Bilder.
»Bringen Sie diese Nummer unbedingt bei der nächsten

Konsultation mit!« sagt er. Ich nehme ein Stückchen Pappkarton, auf dem die Zahl »234« steht.
»Nehmen Sie Platz!« sagt er streng.
»Wo fehlt es?« fragt er, als ich ihm gegenübersitze, sehr dicht, mir viel zu dicht. Er biegt eine große Lampe zurecht, so daß ich mitsamt allen Poren gesehen werden kann, selbst aber geblendet bin. »Es ist der Hals!« Ich fühle mich deprimiert. Ja, ich habe Schmerzen, ja, ich habe das schon länger, ein paar Wochen. Ja, ich rauche. »Früher«, sagt er plötzlich, »da sah man einmal im Monat in einen Hals und wußte, da wächst Krebs. Heute passiert das einmal in der Woche.«
»Wie sieht es bei mir aus?« frage ich.
»Schlimm, sehr schlimm.«
»Was ist es denn?«
»Eine Kehlkopfentzündung«, sagt er düster. Knipst plötzlich das Licht aus. Wollte er nicht Kehlkopfkrebs sagen?
Der Arzt geht weg. Ich sitze in dem erhöhten Stuhl.
»Keine Zigaretten mehr. Alles lau und flau! Nichts Heißes, nichts Kaltes, keine Gewürze. Nehmen Sie diese Tropfen. In drei Tagen muß ich mir die Entwicklung ansehen. Vergessen Sie Ihre Nummer nicht!«
Ich hätte gerne gefragt: »Was für eine Entwicklung?« Aber ich bin schon draußen im Wartezimmer. Es ist ganz leer. Es ist still. Alle Türen geschlossen.
Was hat er gesagt? Jede Woche? Jede Woche ein Kehlkopfkrebs? Es ist eine Entzündung. Mein Hals schwillt von innen an. Ich kann nicht schlucken.
Im Hausflur sind rote und weiße Fliesen zu einem großen sechseckigen Muster verlegt. Mehrere Fliesen sind zersprungen. Es stört die Ordnung des Musters. Die Harmonie ist verwackelt. Ich trete nur auf die heilen Fliesen.
Gleich neben der Haustüre liegt die Apotheke, die so modern ist, daß sie wohl auch noch im Jahre 2000 neu wirken dürfte. Hier ist in leise rollenden Schubfächern Heilung für alles gespeichert. Die Atmosphäre läßt an Kunst und Wunder glauben. Hier ist das Mögliche und Unwahrscheinliche

machbar. Ein Trost für mich. Man wird mir verkaufen, was meinen Hals frei macht, die Schmerzen vertreibt.
Ich gebe mein Rezept ab.
»Das müssen wir herstellen!« sagt die Apothekerin. »Es dauert nicht lange.«
Anstatt der glatt verpackten, mit Angaben über Indikationen und Kontraindikationen versehenen Medikamente bekomme ich eine kleine, braune Flasche, ein rotes Schildchen wird aufgeklebt, mit meinem Namen versehen, dreimal täglich 20 Tropfen. Damit will er den Teufel austreiben? Es muß sich doch um eine harmlose Kehlkopfentzündung handeln. Für Augenblicke bin ich getröstet.
Auf der Straße ist Mai, ein grünes Wetter. Selbst in der Großstadt, selbst auf einer Hauptverkehrsstraße zur Verkehrsstoßzeit fühle ich: Mai. Neckisch wie Pusteblumen, die in der Nase kitzeln. Statt Tulpen rote Autos, statt Wiesen grüne Autos, statt Vergißmeinnicht blaue Autos, statt Goldregen gelbe Autos, alle glänzend im Lack, auch der Großstadtfrühling zeigt seine Blüten.
Was verliere ich denn? Alles. Das ist gewiß. Meine Sorgen um die Figur, meine Not mit den Falten im Gesicht, den geheimen Ärger, nicht mehr jung zu sein, all diese Ängste um heute und morgen, um Gewinn oder Verlust. Und alle Fragen werden gegenstandslos: Was koche ich morgen? Wie bezahlen wir den nächsten Urlaub? Was ziehe ich zum Abschlußball meiner Tochter an? Nicht mehr wichtig, was ich wähle, was ich wünsche, was ich hoffe.
Ist es schon so weit? Nein, sicher nicht. Ich finde mich vor meinem vertrauten Gemüseladen und suche sorgfältig den Kopfsalat für unsere Mittagsmahlzeit.
Was verliere ich: den Stolz über die frischgeputzte, schöne Wohnung, die Freude an den Lupinen in der Vase mit ihrer anmutigen Haltung, die Zärtlichkeit, die ich empfinde für meinen großen Sohn, den Spaß, im Schlußverkauf die besten Einkäufe gemacht zu haben, die Augenblicke der Seligkeit, wo Geben und Nehmen eins sind. Alle Widersprüche lösen sich auf. Geht es zu Ende mit mir?

Natürlich denke ich dies nicht im Ernst. Wenn, so würde ich doch den Schmerz fühlen! Verlieren kann keiner gut, schon gar nicht sich selbst.
Nein, dies ist spaßeshalber, versuchsweise. Fühlen, ob es weh tut. Es schmerzt gar nicht sehr. Ich weiß, warum. Ich glaube nicht daran. Es ist zu unwahrscheinlich. Vielleicht kommt erst morgen der eine zu meinem Vertrauensarzt, auf den er jede Woche wartet, damit seine Statistik stimmt.
»Darf es etwas mehr sein?« fragt die Verkäuferin.
»Ja, es ist gut so!« sage ich, obgleich ich sonst Wert auf genaues Abwiegen lege. Ich rechne sparsam mit meinem Haushaltsgeld. Mir ist Sparsamkeit in Fleisch und Blut übergegangen, aber eigentlich ist sie mir verhaßt. Nie dürfen die Sachen kosten, was sie kosten. Mit Sonderangeboten kann man seine Wünsche nicht erfüllen.
Die werden sich wundern, denke ich plötzlich gehässig, wenn sie mal selbst haushalten müssen. Das wird ihnen die Augen öffnen, wenn ich mal nicht mehr da bin!
Das ist ein Spielchen: Vermissen sie mich wohl? Na, was sagt ihr denn dazu, daß ich sterben werde?
»Wir müssen uns damit abfinden!« Habe ich mir diese Antwort gegeben? Was für eine schöne, glatte Sparsamkeitsantwort. Sie tut mir weh. Meine Tasche ist ziemlich schwer. Immer kaufe ich zuviel ein. Und diese lange Straße!
Womit habe ich mich nicht schon alles abgefunden! Auch an das Letzte würde ich mich gewöhnen, wenn es unabänderlich wäre. Bin ich nicht schon fleißig dabei, im Elend noch Tröstliches zu finden, damit ich mich abfinde?
Und jetzt nehme ich meine Medizin.
Ich habe dem Arzt mein Vertrauen und meinen Krankenschein gegeben. Was macht er damit? Er schüchtert mich ein, er erschreckt mich, er orakelt mir das Ende vor, ein Ende vielleicht jetzt.
Ich wasche den Salat unter fließendem Wasser. Es ist kalt. Ich verkrampfe mich, ich habe Angst, ich habe Angst um mich. Ich schlucke mit meinem schmerzenden Hals. Ich bewege meine Zehen in den warmen Pantoffeln. Ich bin wich-

tig. Für mich bin ich wichtig: ich sehe mich um, lese von den Lupinen ab: blau. Sie sind blau, die Lupinen, ich fühle es. Und jetzt, da ich den Wasserstrahl über meine Hände fallen lasse, den sauberen Salat abschüttele, bin ich es, die fühlt, den Wasserkran spürt, naß und kalt, glatt und blank. Ich, die ich mir gehöre, die ich mich nie so sonderlich geschätzt habe, die ich mich bedenkenlos und selbstverständlich für mein Eigentum hielt, ich werde mich verlieren. Das, was fühlt, sieht, tastet, atmet, riecht, denkt, liebt, werde ich verlieren. Mein Körper verläßt mich, läßt mich im Stich. Er sollte Ewigkeitswert haben, ewig währen, damit ich nicht zugrunde gehe.

Ich dramatisiere den Fall. Noch ist das Urteil nicht gesprochen. Der Arzt meines Vertrauens hat den Tod nur beschworen, den Teufel an die Wand gemalt. Es ist ein gemalter Teufel, der den echten Teufel verscheuchen soll. Ich gewöhne mir das Rauchen ab. Jetzt, zu dieser Stunde.

Vorsichtig schlucke ich. Ich habe den Teufel erkannt. Ich bin gewarnt. Nun bitteschön, nehmt das Gespenst wieder weg vor meinen Augen! Es hat seine Schuldigkeit getan. Ich werde mein Leben ändern. Ich ändere es schon. Hier, ich werfe meine Zigaretten weg. Wie kann ich mich so wichtig nehmen?

Lau und flau hat der Arzt gesagt. Nun, ich esse lau und flau. Ich will jetzt etwas für mich tun. Was kann ich für mich tun? Ein Gedanke, an den ich gar nicht gewöhnt bin. Was könnte das sein? Fliegen? Ich wollte immer schon mal fliegen. Ein Flugzeug besteigen und fliegen. Das sollte ich machen. Gleichgültig, ob die Zeit abgezählt ist oder unbegrenzt.

Wie leicht kann mir passieren, daß aus meinen Wünschen die Luft entweicht. Das ist mir schon oft so gegangen. Luftballons sind meine Wünsche, ich habe sie von anderen zerstören lassen, die schienen es besser zu wissen. Ich habe meine Wünsche nicht gehütet, bin nicht schnell genug mit meinen Luftballons aufgestiegen, weggeflogen, selbständig geworden.

Ganz gleich wann, ich werde sterben.
Ich bin gewöhnt, einfache Sachen zu denken: Ich sollte einen schönen Kartoffelsalat machen, wenn die Eltern zu Besuch kommen. Oder: wenn ich nächste Woche das alte Schränkchen zum Sperrmüll gebe, bekomme ich gewiß ein neues.
Ich weiß nicht, was die Welt zusammenhält. Ich kenne mich nicht mit der Gerechtigkeit aus. Glauben entspringt den Wunschvorstellungen und unserer Angst. Und Gerechtigkeit ist da, weil wir sie machen, eine menschliche und unvollkommene Gerechtigkeit. Natur kennt keine Gerechtigkeit. Die Schwierigkeiten des Lebens werden durch Auslese geregelt. Ein schreckliches Wort. Bleiben die Ausgelesenen am Leben, oder sind es die Ausgelesenen, die ausgespuckt werden?
Redensarten: Der hat nichts vom Leben!
Was hab ich vom Leben? Ich habe gewuchert. Ich habe ein Netzwerk über mich und meine Umwelt gespannt. Daran erkennt man, daß es mich gibt. Ich habe doch die Gardinen genäht, die Kacheln und Nickelarmaturen im Bad regelmäßig geputzt. Ich habe doch die Geranien gezogen, die jetzt Knospen bekommen. Und die Kinder? Bin ich nicht durch Haare-kämmen, Nägel-schneiden, Knöpfe-annähen, Kakao-kochen, Hustensaft-verteilen, verkramte Zirkel wiedersuchen und all die vielen Ermahnungen an ihrem Dasein beteiligt? Und ihr Gesicht streicheln, Hemd in die Hose stecken, Zensuren loben, das sind meine Krallen, damit halte ich fest, was ich vom Leben habe. Die Linien ihrer Wangen, der Schmutz unter ihren Fingernägeln, alles das, das läßt mich nicht los.
Wie alt bin ich eigentlich? Nicht nach der Zahl der Jahre, sondern danach gemessen, wie ich lebe?
Ich sehe mich: ich lebe wie eine steinalte Frau. Keine Wünsche, die nicht ins allgemeine Anpassungsschema passen, keine Anfänge, Aufbrüche, neue Wege, keine Gefühlsbewegungen mehr, abgesehen von den unrentablen Aufregungen über eine verlegte Fahrkarte, einen unfreundlichen

Nachbarn, eine zerbrochene Tasse und die abgeklärte Freude über eine gelungene Torte.
Lau und flau! Das ist keine neue Regel für mich. So lebe ich seit Jahren, nicht weil es ein Gebot der Gesundheit war, aus Bequemlichkeit, aus Faulheit.
Statt Lebenslust Gemütlichkeit, statt Erlebnissen Fernsehen, statt Hingabe Versorgung, statt Fülle Sparsamkeit – Resteverwertung. Ich habe mich selbst verwertet, weil ich nicht so wertvoll bin. Ich fange an, laut zu denken. Ich habe nichts übrig für Spiegelgeschichten, niemals sind sie ohne Verzerrungen.
Ich zähle, was mein ist: mein Kamm, mein Parfum, mein Bett, meine Wäsche, meine Dinge – was nenne ich da bloß? Alles gehört zum Haushalt, auch Vasen, der Glastisch, die Tulpen – morgen werde ich sie in den Dreckeimer werfen, meine Küche, meine Maschinen darin. Meine Wohnung, der selbstgeknüpfte Teppich, die Bilderreihe, die ich aus dem japanischen Kalender herausgenommen und selbst gerahmt habe. Ich habe sie oft betrachtet und mir vertraut gemacht, so mögen die modernen Ägypter mit ihren Pyramiden leben: Vertrautheit verbirgt die Fremdheit. So leben wir mit unserem Ehepartner: Vertrautheit lügt uns hinweg über des anderen Anderssein. Die Tage sind langsam. Die Zeit scheint still zu stehn, damit ich Zeit habe zu denken, zu denken. Ich würge an dieser Kehlkopfentzündung. Zunächst versuche ich, sie klaglos zu schlukken. Ich habe schon viel hinuntergeschluckt, warum nicht auch dies?
In der Nacht träume ich, ich hätte sie hinausgewürgt, ausgespuckt. Ein mächtiger, alter, übler Kloß ließ sich unter heftigen Schmerzen nach draußen bringen. Ich werde wach und bin in Schweiß gebadet. Ich schlucke und schlucke. Mein Hals tut noch weh, aber es geht mir besser. Ich mußte den Kloß von mir geben. Weg damit, ausspucken. Wie ekelhaft ist mir manches gewesen, ich habe es geschluckt, wie eng ist mir der Hals von all dem Schlucken geworden. Ich habe geschluckt.

Heute gehe ich allein im Park spazieren. Das habe ich noch nie gemacht. Früher ging ich mit den Kindern zum Spielplatz, sonntags schnappten wir zusammen ein bißchen Luft, manchmal nur mein Mann und ich, manchmal die Kinder und ich. Niemals ich.
Es ist immer noch Mai, ein reichlich aufdringlicher, übermütiger, lustiger, duftiger Mai. Keine Sparsamkeit, keine Bescheidenheit, keine Zurückhaltung. Probeweise lache ich vor mich hin. Probeweise kokettiere ich mit dem Parkwächter, der schon die Kinder mit seinem Krückstock verjagt hat. Er ist noch rüstig und findet Wohlgefallen an mir, während ich vorbeigehe.
Manches habe ich geschluckt, was ich gar nicht bekommen habe, gar nicht bekommen konnte.
Altmodische Tropfen gibt mir ein altmodischer Arzt mit Spezialistenaugen unter dem glänzenden Spiegel. Er offenbart mir meine Krankheit und reißt mich aus mir selbst heraus. Wieviel Leben ich noch habe, kann er nicht wissen. Ich weiß es auch nicht. Aber ich werde einiges ausspucken. Meine stumpfe Bescheidenheit, meine Sparsamkeit, meine Verwertungsphilosophie. Ich werde nicht mehr so bescheiden sein, daß ich meine Wünsche hinunterschlucke und zum Schluß nicht mehr weiß, ob ich je welche hatte. Und Worte, die ich auf der Zunge habe, will ich nicht mehr schlucken, und die Leere, die übrig bleibt, werde ich nicht mehr schlucken.
Die drei Tage sind vorbei! Die Medizin aus der kleinen braunen Flasche ist verbraucht. Ich bin auf dem Weg zu dem alten Doktor in seiner finsteren Praxis. Ich habe vor, ihm Dankeschön zu sagen. Schließlich hat er meine Krankheit erkannt und ihre mörderische Fähigkeit, Lebendiges heimlich zu überwuchern bis zum Tod durch Ersticken.
Er wird sich wundern, wie gut ich seine dunklen Andeutungen verstanden habe. Das Wartezimmer hat hohe, schmale Fenster. Ich blicke auf die belebte Straße. Der Lärm ist abgeschirmt. Ich habe die Pappdeckel-Nummer 234 in der Hand. Ich bin allein im Wartezimmer. Ich muß lange war-

ten. Vielleicht vermutet er sein Wartezimmer leer. Ob man kein Vertrauen zu ihm hat, ihn nicht versteht?
Er öffnet die Tür zum Sprechzimmer.
»Ihre Nummer!« sagt er ernst.
»Nehmen Sie Platz! Also Nummer 234!« Er betrachtet die Spalte im Hauptbuch, die für mich reserviert ist. Hier steht die Diagnose, die verordnete Medizin, zusätzliche Therapie: Schock.
Er rückt seinen Spiegel zurecht, setzt sich dicht vor mich hin, knipst die Lampe an.
Mein ganzer Mund ist voll Spucke. Ich muß schlucken.
»Nun lassen Sie mal sehen!« sagt er. Ich muß noch dreimal schlucken, ehe ich den Mund öffnen kann.
»Es sieht sehr viel besser aus!«
»Sie haben mir Angst eingejagt!«
»Es hat genützt.«
»Ja, das hat es.«
»Es besteht die Gefahr des Rückfalls. Sie sollten sich unter Kontrolle halten. Ich möchte sie in drei Wochen wieder sehen.«
»Ich danke Ihnen, Herr Doktor.«
»Ja, ja«, antwortet er fast freundlich. »Denken Sie daran: lau und flau. Lieber spucken als schlucken.«
Das Plattenmuster im Flur, das mit den zerbrochenen Fliesen, ärgert mich. Ich werde eine Reise machen. Auch zerbrochene Muster haben eine Botschaft. Mit einem Dampfer die Donau entlang, denke ich. Den Sprüngen und Rissen der Fliesen weiche ich geschickt aus. Bis Budapest, bis ans Schwarze Meer.
Was fallen mir für Namen ein: Konstantinopel.

Jutta Bartus

Geburt und Tod sind Geschwister, der gleiche Schmerz, die gleichen Ängste. Die Todesstunde vorausahnend nicht aufzuschreien vor der Welt, offen zu bleiben gegenüber allem Lebendigen, ist schwerer als der letzte Atemzug.

(Für M. W.)

Außer Atem

Es wäre schön, so jung zu sein und voller Anmut wie sie, so bereit, zuzuhören und teilzunehmen am Schicksal anderer, so freundlich und dennoch ehrlich.
Und dann erführe ich, daß ich bald von dieser Erde weg muß. Ich säße zu diesem Zeitpunkt an meiner wichtigsten Arbeit und wüßte nicht, ob sie noch fertig werden kann . . .
. . . Hier auf der Terrasse des hellen Hauses haben wir in den zurückliegenden Jahren so oft gesessen, die Wiese im Blick, Jasminbüsche und Blumenrabatten an ihren Rändern, den kleinen Hügel vor dem Uferweg mit den Pappeln, die ihre Füße im Heckenrosengestrüpp verstecken und die wir die drei alten Jungfern nennen.
Um mich herum sind alte Bekannte, Kolleginnen und Kollegen, von einigen die Männer, die Frauen, Kinder. Jetzt in den Ferien sind meine Söhne auch hier, der kleine ist vor einigen Wochen elf geworden. Als erstes ist er zum Wasser gerannt, das in der Sonne flimmert und eingerahmt ist vom kräftigen Grün der Ufer.
Seit mehr als fünfzehn Jahren kommen wir hier heraus an den See, ein paar Tage im Frühjahr, einige Wochen im Sommer, manchmal zu anderen Jahreszeiten. Zu Weihnachten machen die Wirtsleute alles besonders schön, aber der See muß auch bis weit hinaus zugefroren sein, damit man vorn am Ufer schlittschuhlaufen kann.
Wir treffen uns immer wieder, fast jeder kennt die Geschichten jedes anderen, die schmerzhaften ebenso wie alle anderen. Bei einigen sind sie wie Romane, an denen noch geschrieben wird, bei mir nun nicht mehr.
Die Hausfrau bäckt jeden Tag frischen Kuchen, den wir wider alle Vernunft in uns hineinstopfen, weil er so gut schmeckt, bei Kaffee oder Tee, während wir uns erzählen,

was wir seit der letzten Begegnung erlebt haben, hier auf der Terrasse meistens die heiteren Geschichten; die anderen, die weh tun oder noch frisch und voller Hoffnung sind, oben in einem Zimmer, oder da auf der Wiese in eng zueinander gerückten Liegestühlen, sehr leise. Wenn das Sprechen darüber schwer fällt, verhakt sich der Blick im farbigen Grün der alten Bäume, der finsteren Rotbuchen vielleicht, der Birken, der Kastanien, oder im hellen Blütenschaum der Linden. Die zwei großen Blautannen, zu jeder Seite der Terrasse eine, sind in den letzten beiden Jahren abgehauen worden, sie sind einfach nicht mehr da . . .
Im nächsten Jahr werde ich auch nicht mehr da sein. Darüber kann ich mit niemandem reden. Dann wird man meine Geschichte vorn im kleinen Büro des Hausherrn erzählen, mehr oder minder ausgeschmückt, je nach dem Grad des Alkoholgehalts im Blut des Erzählers.
Vielleicht täusche ich mich auch. Diese verdammten Ärzte sagen es ja nicht deutlich. Aber was würde ich tun, wenn sie mir sagten: Du hast noch etwa ein halbes Jahr, vielleicht ein paar Monate länger, vielleicht nicht so lange . . .
Würde ich brüllen, wenn ich es genau wüßte, würde ich aufgeben? Oder so weitermachen wie bisher: Jeden Tag ein bißchen kleinen Ärger, zum Beispiel über Bens Mathematikallergie, über Görgys Schusseligkeiten, wieder das Sportzeug nachtragen, damit es keinen schwarzen Punkt gibt!? Jeden Tag kochen, Gartenwege von Unkraut freihacken, Wäsche waschen, einkaufen, davon freie Zeit abknapsen, damit jeden Tag ein paar Seiten werden? Oder würde ich ihm aufhalsen, mit den Jungen und dem Haus ab sofort allein fertig zu werden, damit mir ein bißchen mehr Zeit bleibt von diesem erbärmlichen Rest?
Die Ärzte sagen es ja nicht. Nur ich spür's. Diese Klammer in der Brust! Plötzlich spannt sich die Haut da, alles wird mit einem Mal so dick, daß ich mich nicht wiedererkenne, meine Arme, die Brust, sogar mein Gesicht. Dann möchte ich vor mir und vor meiner Angst davonlaufen und weiß nicht, wohin. Ob er das ahnt?

Er sitzt da oben in unserem Zimmer und arbeitet. Das ist seine klapprige Maschine, die da hämmert, ich höre sie deutlich heraus. Warum kann ich nicht mit ihm darüber reden? Ihn fragen: Was haben sie dir gesagt, als ich im Krankenhaus war? Warum haben sie nicht operiert? Aber ich kann ihn das nicht fragen. Mein halbes Leben bin ich nun schon seine Frau, aber ich kann nicht mit ihm darüber reden.

Ich habe Angst davor, daß sich diese elende Krankheit zwischen uns schieben könnte wie ein ganz dichter Nebel, in dem wir uns nicht mehr erkennen. Davor fürchte ich mich fast noch mehr als davor, daß meine Ahnung die Wahrheit ist.

Er sieht mich jetzt manchmal so eigenartig an. Er spricht mit mir über seine Arbeit oder meine, über Freunde und Bekannte. Aber dabei ist er ganz weit fort, sein Blick scheint durch mich hindurch zu gehen, als wäre er es, der weggeht, nicht ich. Ob er das nach so vielen Jahren könnte? Von mir weggehen, weil ich mich in der letzten Zeit zu sehr verändert habe – nicht nur äußerlich?

Öfter ist er jetzt lange hier draußen, um zu arbeiten. Ich kann dann nur über die Wochenenden mit den Jungen herkommen, wegen der Schule. Wenn er uns Sonntagabend zurückfährt, ist er in sich gekehrt und redet nur das Nötigste: Was für die Jungen und den Haushalt gebraucht wird oder am Haus gemacht werden muß; manchmal fragt er auch, wie weit ich in dieser Woche mit meiner Arbeit kommen will. Es sind bloß ein paar Kilometer, bis hinter Potsdam und durch ein paar Dörfer, eine kurze Fahrt, aber es ist eine Qual.

Warum fährt er hier raus zum Arbeiten, solange er will, und nicht ich, frag ich mich dann manchmal voller Wut. Wir reden dauernd vom gleichen Recht der Frauen! Reden! Alles bleibt an mir hängen, und ich hab vielleicht nur noch ein kleines Stück Leben.

Wenn ich noch einmal auf die Welt kommen könnte, dann nur als Mann. Nein, das ist Unsinn, für mich wäre es die falsche Rolle. Ich bin gern eine Frau, seine Frau, und auch froh darüber, daß ich mit den Jahren selbständiger geworden bin. Früher hing ich ihm viel mehr am Rockzipfel. Er war mein Erster und ist mein Einziger geblieben. Überall, wo ich hinsehe, wechseln die Leute ihre Partner wie die Hemden, und ich hatte all die Jahre nur ihn und war glücklich. Manche finden es komisch, ich nicht. Wenn nur noch ein wenig mehr Zeit wäre, auch dafür.

Neulich hätte ich ihn furchtbar anschreien mögen, in der letzten Woche vor den Ferien war das. Mir fiel zu Haus die Decke auf den Kopf. Ich bin in den Bus gestiegen und hergefahren zu ihm, ich wollte ihn sehen, mit ihm reden.

Aber er fragte bloß, was mit Görgy sei, ob ich mir mit meiner großen Fantasie nicht vorstellen könne, was der Junge alles anstellen würde, allein im Haus. Benjamin war ja den ganzen Nachmittag in seinem Ruderclub.

Ich sagte, daß ich das Haus abgeschlossen hätte, Görgy würde im Garten spielen, bis ich käme.

Wenn es nun regnet, fragte er. Der Junge steht klitschnaß vor der verschlossenen Haustür, und du sitzt in aller Ruh hier! Alles hätte ich ihm in diesem Augenblick ins Gesicht schleudern können, wie ich mich herumquäle mit meinen Schmerzen, daß ich manchmal schreien möchte vor Angst, seit ich aus dem Krankenhaus wieder daheim bin, ohne daß sie dort viel mit mir gemacht haben. Warum haben sie nicht geschnitten? Ein paar Bestrahlungen und Medikamente, das war alles!

Manchmal, vormittags, wenn die Jungen in der Schule sind und ich ganz allein im Haus bin, brülle ich plötzlich. Die Tränen laufen mir von ganz allein übers Gesicht. Ich heule vielleicht eine Stunde laut vor mich hin. Aber ich darf das nicht tun. Hinterher habe ich noch weniger Kraft und sitze völlig atemlos an meiner Schreibmaschine. Ich kann nichts anderes denken: Die Tasten berührst du auch nicht mehr lange, das Papier fühlst du nicht mehr, schmecke den Tee, noch eine Tasse, alles ist schon abgezählt. Und ich renne hinaus in den Garten und rupfe Blumen von den Beeten,

beide Arme voll, überall stelle ich eine Vase hin, und das lacht mich bunt an, und ich . . .
Vielleicht sind es doch nur die Medikamente, die mich in diese Spannung versetzen, vielleicht muß das so sein.
Ich bin ihm gegenüber einfach ungerecht. Unsere Reisen waren schön, und dafür hat er gesorgt. Paris! Vor allem Paris, da habe ich mich ganz glücklich gefühlt. Es gab nicht diesen Sack kleiner Pflichten, dessen Boden man nicht sieht, und Zeit war genug. Ist das schon wieder zwei Jahre her? Grauenhaft, wie einem das Leben wegrennt. Was würde ich dafür geben, wenn ich diese zwei Jahre noch vor mir hätte statt hinter mir! Damals hatte er es geschafft, daß sie uns das gemeinsame Visum bewilligten, und nicht der eine als Pfand für die Rückkehr des anderen dableiben mußte. Na, die Kinder blieben ja hier, die ließen wir bei den Eltern ihrer Schulfreunde. Alle hatten Verständnis dafür, daß wir uns wie verrückt auf die Reise freuten, sogar die Jungen. Ob wir noch einmal fahren werden? Erst muß mein Buch fertig sein, ich weiß, daß es mein wichtigstes sein wird. Wenn ich es geschafft habe, könnten wir wieder einmal eine große Reise machen . . .
Ob ich es noch schaffe? Seit wir hier sind, bin ich wie gerädert. Eine halbe Woche ist schon um, und ich habe erst zwanzig Zeilen auf dem Papier. Vielleicht geht es leichter, wenn ich mir einbilde, der Verlag hätte den Abliefertermin vorverlegt, damit der Titel noch zur Leipziger Buchmesse zurechtkommt. Das wäre der ganz normale Zeitdruck, wie ich ihn schon öfter erlebt habe.
Er hat das nie gekonnt, arbeiten, wenn ihm der Lektor im Nacken saß. Ich mußte, wie oft, weiß ich gar nicht. Er sagt: Ich schreibe ein Buch, also bestimme ich, wann es fertig ist. Wenn sie ihn aus einer Arbeit rausreißen würden, so wie mich bei fast jeder! Eben war ich richtig drin, hatte mein Thema in der Hand, dann kam irgendwas. Warum sagen die mir nicht, jetzt, ob ich noch Zeit genug hab, um fertig zu werden!
Als ich an meinen Erzählungen saß, war's die Sache mit

Uwe Lindner, die mich aufhielt, ganz abgesehen davon, daß ich bei jedem Schnupfen von Görgy Pause habe, oder wenn die Kohlen kommen oder was auch immer. Uwe ging in Bens Klasse. Anfang vorigen Jahres fing er plötzlich an, die Schule zu schwänzen, jeden zweiten, dritten Tag. Bis man herausfand, daß er eine Stelle an der Grenze gefunden hatte, wo er unbemerkt durchschlüpfen konnte. Statt in die Schule zu gehen, besuchte er seinen Vater in West-Berlin. Vor der Polizei hat er gesagt, er kenne noch mehr Stellen, die verrate er nicht. Wenn sie die eine dicht machten, würde er es bei einer anderen versuchen, er wolle seinen Vater besuchen können. Er hatte dauernd Kaugummi in der Klasse verteilt, dadurch war es rausgekommen. Die Grenzposten wurden verdoppelt, und wir vom Elternbeirat mußten mitentscheiden, ob er bei seiner Mutter oder in einem Heim großwerden sollte.
Danach war mir lange zumute, als hätte ich ein Verbrechen begangen. Wie die meisten habe ich für das Heim gestimmt. Ich hatte Angst, er könnte irgendwann auf seiner Extratour erschossen werden, mit dreizehn.
Es ist schrecklich, was man Kindern antut. Wie viel Schwung muß man ihnen nehmen, damit sie sich der gültigen Norm, den an sie gestellten Forderungen fügen lernen? Man läßt ihnen weder Zeit noch Möglichkeiten, sich auszuprobieren, sich selbst und ihre Persönlichkeit zu finden.
Daß man ihre Fähigkeiten trainiert und ihnen Kenntnisse vermittelt, ist vernünftig; aber daß man sie pausenlos beschäftigt, ihr ganzes Leben reglementiert, ihnen Bekenntnisse abnötigt, die sie gern freiwillig geben möchten, macht die meisten schon ganz früh zu angepaßten Heuchlern. Nur der kleinere Teil hat soviel Mut, nicht zu allem ja zu sagen, sondern nach der Wahrheit zu suchen, auf die Gefahr hin, daß man ihm das Rückgrat bricht oder, wenn das unmöglich ist, alle Wege versperrt. Wie dem Jan von der Anna G. Den haben sie trotz seiner guten Leistungen von der Oberschule gejagt, weil er nicht an der vormilitärischen Ausbildung teilnehmen wollte . . .

Was wird meinen geschehen, wenn ich nicht mehr da bin? Wird er sie vor solchen Konflikten bewahren können? Vielleicht hat er in kurzer Zeit eine Neue, und die macht das dann.
Ich müßte mal nach Görgy sehen, ob er auch nicht allein zu weit rausschwimmt. Ich müßte nachsehen. Aber ich tu es nicht, sitze wie angenagelt hier. Es sind ja ein paar Leute unten am Wasser, die würden es schon beobachten. Bald werden Görgy und sein Bruder immer auf ihren Vater oder andere angewiesen sein.
Wenn ich ihn jetzt da draußen rufen hörte, und ich würde zum Steg laufen, ein Boot nehmen und rausrudern, um ihn aus dem Wasser zu ziehen, käme ich viel zu spät. Früher hätte ich mich keinen Schritt vom Ufer weg gewagt, wenn Görgy im Wasser war. Diese Gleichgültigkeit, die sich seit einiger Zeit in mir breitmacht, ob das auch die Medikamente sind, die sie mir geben? Oder ist es die Angst in mir? Ich müßte dagegen angehen, aber ich tu's nicht, rühre mich nicht von der Stelle. Nur ein Gedanke beherrscht mich: Ich will leben! Ich möchte noch so viel machen, Dinge, zu denen ich nie richtig Zeit hatte. Reisen! Auch hier im Land! Wenn es hoch kommt, kenne ich zehn Städte in der Republik, und keine genau. Nach Dresden vor allem, tagelang durch den Zwinger wandern, ins Grüne Gewölbe, zur Kunstausstellung. Und tagelang lesen möchte ich, wenigstens einen Teil der vielen Bücher, die ich noch nicht kenne.
Auch noch einmal richtig lieben möchte ich, daß es knistert, so wie in den ersten Jahren zwischen ihm und mir. Vielleicht gehört dazu ein ganz neuer Mann. Oder viele Männer sogar? Bei uns ist alles ins Gleichmaß gerutscht, ich weiß auswendig, wann er dies tut, wann jenes, jede seiner Regungen kenne ich, die kleinste Bewegung kann ich ausdeuten. Und ihm geht es gewiß genauso wie mir.
Dann wird er auch wissen, was mit mir los ist. Ist er vielleicht deshalb jetzt manchmal so weit weg mit seinen Gedanken, weil er was ahnt? Sucht er vielleicht schon da und

dort nach einem neuen Möbelstück Ehefrau, weil deutlich zu sehen ist, daß ihm das alte bald in die Brüche geht? Nein, nein! Was bin ich nur für ein Scheusal geworden in all meiner Angst!

Es liegt daran, daß sie nichts sagen. Die Ungewißheit ist es, die mich so fertig macht. Mehr noch als diese Ahnung, daß mir für all das, was ich noch tun möchte, die Zeit zu knapp wird. Es ist richtig komisch. Vor lauter Unruhe und Hast in mir, doch noch dies zu tun oder jenes, sitze ich hier still und tue gar nichts . . .

Ich werde morgen zu Doktor Hanske fahren und zu ihm sagen: Bitte, lieber Doktor, sagen Sie es mir, ich werde vernünftig sein. Die schlimmste Gewißheit ist mir lieber als dieses ständige Grübeln, ob oder ob nicht. Es ist doch besser, werde ich sagen, wenn ich jede Stunde, die ich noch habe, so gut wie möglich nutze, und alle, so gut es geht, darauf vorbereite, daß ich bald nicht mehr da sein werde. Aber der sagt es mir auch nicht, er kennt mich.

Er weiß vermutlich, daß ich dann ausbrechen würde, ganz und gar. Ich würd's auch tun: Einem andern Mann würde ich mich an den Hals werfen, bestimmt! Ich kann schließlich nicht zu meinem eigenen sagen: Komm, laß uns noch einmal alles ausprobieren, was Spaß macht . . . Und essen würde ich, alles, was mir schmeckt, ohne Rücksicht darauf, ob ich fett werde und die Figur verliere, und jeden Tag beschwipst sein; alles, aber auch alles noch einmal mitnehmen, was geht . . .

Er hämmert nicht mehr auf der Maschine herum. Ich muß mich zusammennehmen! Jetzt wird er gleich runterkommen, Kaffee trinken. Dann fahren wir raus auf den See. Er wird langsam rudern, damit uns Ben und Görgy hinterherschwimmen und sich von Zeit zu Zeit ans Boot hängen können.

Und er wird mir vom neuen Kapitel seines Buches erzählen. Ich werde zuhören.

Morgen werde ich wieder arbeiten. Wenn ich mich ein bißchen zwinge, wird es schon gehen. Nur wieder richtig hin-

eindenken muß ich mich. Wenn ich ihm sage, daß ich arbeiten will, wird er mir sein kleines Zimmer überlassen, damit mir nicht dauernd die Jungen hereinplatzen. Er wird mit seiner alten Klappermaschine in den Keller gehen.
Ich muß diese schreckliche Angst aus mir herausreißen. Wenn die Schmerzen anfangen, werde ich die Tabletten nehmen und ganz fest glauben, daß sie mir helfen. Daß diese verdammten Ärzte einem nicht die Wahrheit sagen können . . .
. . . Ihr Buch ist ein mutiges Zeugnis für das gewachsene Selbstbewußtsein von Frauen, die in einem fortschreitenden Prozeß lernen, ihrem eigenen Leben keinen geringeren Wert beizumessen als dem ihrer männlichen Partner, und auch lernen, davon Gebrauch zu machen.
Sie lebt nicht mehr. Manchmal stelle ich mir vor, sie käme noch von Zeit zu Zeit in das helle Haus dort am See und säße auf der Terrasse, die Wiese im Blick, den kleinen Hügel mit den drei alten Pappeln dicht am Uferweg, über die blauer Himmel und Wolken im Wechsel hinziehen.

Hanne F. Juritz

Angst ist eine Folge des Schmerzes und somit der Erniedrigung, Lachen eine Folge des Erschreckens.

Notgelächter

Eine Stimme schlägt an ihr Ohr. »Den Umständen«, dringt es ins Trommelfell und entfernt sich mit: »entsprechend«, verliert sich in Stimmengemisch, in Geplätscher, in nichts – und kommt wieder, nähert sich unaufhaltsam bedrohlich und wird unerträglich, »hoher«, hört sie, »Blutverlust«, dröhnt es, das wummert im Ohr, das vibriert . . . Die Us ziehen endlose Echos hinter sich her. Sie sagt sich: gleich wird es besser, gleich wird sich die Stimme aufs neue verlieren, bevor sie wiederkommt mit Macht – und abebbt und kommt und wieder . . . Eine Stimme: ein Jo-Jo, in ihre Richtung geschleudert, auf ihren Gehörgang gezielt.
Weshalb liegt sie hier herum und läßt sich quälen. Sie kennt doch diesen Strafvollzieher nicht, den Ton-Jongleur mit dem verschwommenen Gesicht. Sie sieht den nebligen Jo-Jo-Artisten sich nähern: stumm nun, sieht ihn dicht vorm Gesicht. Ein Daumen taucht auf aus dem Nebel, schiebt eines ihrer Lider hinauf, läßt es los – sie fühlt weder den Druck noch sonst einen Schmerz. Das Gesicht taucht zurück in den Nebel, die Gestalt wächst, dreht sich und schrumpft – endlich kann er ruhn, der lärmtraktierte Kopf – bis er wieder gequält wird. Wie lang wird das dauern. Stunden? Sekunden? Ihr Gehirn befiehlt: öffne deinen Mund und beschwere dich! Sie öffnet den Mund, aber kein Laut will heraus. Die Worte verwandeln sich in der Mundhöhle, verflüssigen sich, treten als Flüssigkeit aus den Mundwinkeln, laufen übers Kinn den Hals entlang, verlieren sich in den Haaren . . .
Mit Worten wird sie nichts ausrichten können, das begreift sie, niemanden wird sie zur Rede stellen, niemanden fragen können, weshalb man solche Spiele mit ihr treibt, ihre Ohrmuscheln mit Wortbomben bewirft – und sie anschließend mit den Trümmern ihres Trommelfells alleinläßt. Wie

soll sie sich – ohne einen Ton von sich geben zu können – verständlich machen. Ihre Auflehnung weicht der Ratlosigkeit, weicht der Resignation – und die ist schon mit einer Spur Vertrauen in diesen nebligen Dompteur durchsetzt, mit der vagen Befürchtung, er und sein Wort-Jo-Jo könnten für immer wegbleiben . . .
Wie kam sie hierher, was ist passiert? Sie sucht die Erinnerung. Das strengt an. Das ermüdet. Klopft furchtbar im Kopf. Luft muß von ihrem Gedächtnis Besitz ergriffen haben. Allein ihr Gehör funktioniert –, und zwar übermäßig. Sie hört: die Halsschlagader, die Schläfen in rhythmischen Abständen pochen, hört das Fiepen der Lunge und – sobald ihre Augen wandern – das schmatzende Geräusch in Bewegung geratener Flüssigkeit auf der Bindehaut. Sie versucht, die Größe des Raums abzuschätzen, in dem sie sich befindet. Der Raum ist dämmrig, sie ahnt mehr als sie sieht, zwei, drei Meter entfernt eine Tür mit einem winzigen, von hinten erleuchteten Fenster, eine Tür zu etwas Hellem, Fremdem . . . Sie will aufstehen, richtet sich auf, will das Bett verlassen, doch bevor sie noch die Füße auf den Boden setzt, schwebt sie davon, steigt schwerelos durch den Raum . . . Die Decke rückt näher, sie kann sie berühren, sie stößt sich ab – und fliegt mit wachsender Geschwindigkeit hinab in die Tiefe. Ein Flug ins Unendliche, wie so oft – früher – in den Alpträumen der Kindheit: ein Trudeln in den Schacht durch Dunkelheit . . . Sie will um Hilfe rufen, es löst sich kein Schrei, ihre Stimmbänder geben nichts her. Der Schreck hat ihren Körper hohl gemacht, fühllos gegen den Aufprall. Die Schwärze über dem Vergangnen löst sich auf, gibt Bilder frei . . .
Warum ist sie überhaupt mitgefahren. Es gab keinen zwingenden Grund, diese Reise anzutreten, es lag – wie so oft – Streit in der Luft. Die Bretter wurden aus dem Keller geholt und aufs Heck des Käfers geschnallt, es war eine graue, eine schneelose Reise bis hin zum Bayerischen Wald, wo sich die weißen Massen dann plötzlich türmten, wie sich's gehört zu dieser Jahreszeit. Unterwegs wurde in

einem tristen Lokal ein Imbiß genommen, in einem Friseurladen wurde eine Sonnenbrille gekauft und ein Lippenstift – daß man immer glaubt, ohne diese Dinge nicht auskommen zu können. Haben wir auch die Tropfen nicht vergessen, und in welchem Sack steckt nun die Thermosflasche? Der Tee ist sicher nur noch lauwarm, aber weggetrunken werden muß er, weil Rum drin ist. Und dann sind sie ihnen entgegengekommen: um die Kurve geschlittert auf vereister abschüssiger schmaler Fahrbahn, es war so unfaßlich, dieses Blechgeschoß auf einen zukommen zu sehn, der Aufprall war weniger lärmend und hart als erwartet, ein Stoß wie beim Auto-scooting auf dem Rummelplatz, ein Schleifen und Schieben, ein Rieseln und Klirren von Glas, ein Knirschen und Quietschen – dann gleich wieder Stille, als sei nichts gewesen, aber Schnitte im Ohr und Prellungen am Leib, dann erst kam sie: die Angst, fiel einen an wie ein tollwütiges Tier, biß einem die Lunge entzwei, da half auch kein Ringen um Atem, die Stimme war wie ein Vogel auf und davon geflogen, kein Ton kam aus der Brust mehr heraus. Und die Finger – wo sind sie? – die da den Türhaken bedienen sollten: weg, gefühllos, eingeschlafen, taub – soll sie sich denn mit den Füßen befreien oder wie? –, da riß aber schon jemand die verbogene Tür von außen auf und zerrte sie an den Armen heraus auf die Straße . . . Ja, wo sind jetzt die Beine geblieben, die fehlen ja ganz, da sitzt man mitten im Schnee auf dem Hintern und wundert sich über die Beine, die vor einem liegen, schlaff wie von einer Gliederpuppe – wo ist denn bloß der Puppenspieler hin, der sie bedienen kann? Dann steckt einem jemand eine brennende Zigarette in den Mund, aber der Mund ist ohne Gefühl, da bleibt nichts drin klemmen, die Zigarette fällt in den Schnee und glüht aus. Jemand sagte laut »Scheiße«, und es schoß ihr sofort Enzensbergers Gedicht »Die Scheiße« durch den Kopf, sie hätte es auf der Stelle auswendig hersagen können, wenn ihre Stimme nicht das Weite gesucht hätte – »immerzu höre ich von ihr reden, als wäre sie an allem schuld . . .« Sie sah das Blut an seinem Hals, an seiner Stirn und fühlte nichts als Leere und Lähmung. Dann war auf einmal dieses Würgen da, es quoll wie ein Hustenanfall aus ihr heraus, Blut war es, Schleim war es, wie warm es war, was da aus ihrem Innern zum Vorschein kam, und auf einmal war das kein Würgen mehr, es war ihr, als müsse sie lachen, ein wildes zwanghaftes Gelächter kam über sie, es hallte in ihr nach, es schüttelte sie, quälend, schmerzend, ein Hohn, dieses Lachen ohne Ende, schwarzes riesengroßes Lachen, schwarz wie der Schacht – wie der Schacht –, in den sie fällt . . .

»Warum redest du nicht?« hatte er sie gefragt – vorhin – oder gestern, war's in der vergangenen Woche? Vielleicht liegt's auch schon einen Monat zurück oder ein Jahr. Sie hatte den festen Willen gehabt, ihm zu sagen: reden, das ginge vorläufig nicht, sie müsse erst diesen Fremdkörper, dieses Gewicht, diesen Brocken des Lachens loswerden, der auf ihrem Zwerchfell liegt . . . Zwar hatte sie folgerichtig den Mund geöffnet, doch schon der erste Sprechversuch hatte ein so krampfartiges Stechen, Ziehen und Drücken – Hustdrang, Lachdrang – auf der Brust bewirkt, daß sie es vorzog, stumm zu bleiben . . . Seine »grenzenlose Abneigung gegen Häuser dieser Art« habe ihn die erste Zeit von ihr ferngehalten, hatte er gesagt. »Die erste Zeit« wovon? Sie war nicht betrübt darüber. Und außerdem: etwas hat ihn ferngehalten, und es war ja auch – wie gesagt – nur die erste Zeit. Die war aber nun – wo ihn offensichtlich nichts mehr fernhielt – vorbei. Gern hätte sie ihm gesagt, daß es ihr egal gewesen wäre, wenn ihn auch über die erste Zeit hinaus etwas von ihr ferngehalten hätte, daraus wurde natürlich nichts . . .

Wer war das: er oder dieser fürchterliche Jo-Jo-Mensch – man hielt ihr etwas zum Schreiben hin. Das wunderte sie nicht, das hatte sie kommen sehn: ihre Finger konnten den Stift nicht halten, wie ein glühendes Holzscheit brannte er an den Fingerbeeren . . . Seither befinden sich ihre Hände in Aufruhr, flattern wie Schmetterlinge über der Bettdekke. Sie dürfe sich nicht so »gehen lassen«, hatte er gesagt, sie müsse sich endlich mal »zusammenreißen«, ihre Genesung hänge nicht zuletzt von ihrer »inneren Einstellung« ab. Sie hatte – während er das sagte – abwechselnd ihr linkes und ihr rechtes Ohr auf das Kissen gepreßt, was ihn irritiert haben mag, denn er alarmierte gleich den nebligen Dompteur, der ihr eine Spritze in die Blutbahn jagte. Da sah er sie angewidert und – wie ihr schien – etwas erzürnt an, stürmte dann davon ohne ein weiteres Wort . . .

Sie versucht, ihre Hände zusammenzuschieben, sie flicht sie zusammen – es dauert ein Weilchen: Minuten? Sekunden? –, das Flattern läßt nach, die Hände beruhigen sich. Da liegen sie: *ihre* Hände, ruhig liegen sie da, sie spielt leicht mit den Fingern, die Finger spielen Klavier auf der Bettdecke. Sie spielen! Das muß sie jemandem zeigen. Ein wildes Bedürfnis nach Mitteilung steigt in ihr auf, sie will rufen, ruft – und die Stimme ist da, sie kann es nicht fassen, sie ruft wie ein Hund bellt: die Stimme ist da –, wie sie lacht ohne Schmerzen!

Volker W. Degener

Wie man dem Text unschwer entnehmen kann, beruht er auf unmittelbaren Erfahrungen des Autors. Vier Jahre lang hatte er sie verdrängt, fühlte sich noch nicht robust genug, auch nur einen Teil des im Krankenhaus Erlebten zu Papier zu bringen. Er schrieb viele andere Texte, bis er vom Herausgeber und dem Thema animiert wurde, etwas von dem Verdrängten ans Tageslicht zu holen.

Der Nachbar

Schmerzen zerrten an mir. Vorher hatte ich sie nicht wirklich wahrgenommen. Tabletten. Spritzen. Zur Vorbereitung ein kleiner Piks nur. Frisium. Worte. Meine unsichere Unterschrift. Mittelchen. Die Psyche absichernd. Man hatte sie in Watte gepackt, obwohl sie mir gehörte. Da war ich schon nicht mehr in meinem Körper, der längst den Medizinern zur freien Verfügung stand. Werkstück für die Chirurgen. Sobald ich erwachte, zerrten die Schmerzen an mir.

»Sie sind als erster dran, morgen früh«, sagte die Oberärztin, »wir haben da zufällig noch etwas frei.«

Meine Fröhlichkeit, am Morgen des Operationstages, erschreckte mich. Mit meinem Nachbarn tauschte ich sarkastische Witzchen aus. An dem bißchen Leben hängen wir nicht. Es führt doch immer zum Tod. Bis nachher. Oder in der Hölle. Wir sehen uns auf jeden Fall wieder.

»Auf geht's«, sagte ich und zwinkerte mit den Augen.

Der Raum war noch eiskalt, genauso wie die Frauen mit den hellgrünen Plastikhauben. Wieder ein Piks. Hoffentlich erzähle ich nichts, was mir später peinlich ist. Die Narkoseärztin hat so einen wissenden Blick.

»Hallo! Aufwachen! Alles vorbei. Hören Sie mich?«

Das Rollen gummibereifter Räder. Das Wort Corazón kommt dazwischen. Corazón. Ganz tief in meinem Körper Schmerzen. Ich bin immer noch auf der Fahrt durch die langen Gänge im Krankenhaus. Wieder eine andere Sorte Schmerz, in der Nähe der Hautschichten. Der Einfall, nicht überlebt zu haben. Obwohl ich lebe. Es scheint so. Barbiturate sind es, die alle davoneilenden Gedanken wieder einfangen.

»Wie geht's dir?«

Da ist jemand nebenan. Diesmal in dem Bett links von mir.

Und es sprechen zwei Stimmen in einem Zimmer auf der anderen Seite des Ganges. Immer wieder das Wort Corazón.
Das Entsetzen über die Dinge, die man in meinem Auftrag mit mir anstellt. Ich kann mich nicht erinnern, diesen Auftrag je erteilt zu haben. Aber wie hätte ich überleben sollen. Jetzt kann ich mich einfach nicht hängen lassen. Man hatte schon genug Arbeit mit mir.
Da sind Schläuche, die aus meinem Körper führen. Über mir der Dauertropf. Die Blase steigt aufreizend regelmäßig in der Leitung aufwärts. Die Schmerzen haben sich bis zu den hellblauen Zimmerwänden zurückgezogen. Da lauern sie. Immer hellwach. Sie werden mich überfallen, wenn ich nicht aufpasse. Ihre Freunde sind die lachenden Frauenstimmen im anderen Zimmer jenseits des Ganges. Auf dem Flur verläuft die Grenze zwischen laut und leise.
Vorher hatte ich ein paar Informationen erhalten. Ein Messer trennt mich auf. Oder eine Säge. Einverstanden. Nur so läßt sich meine Lunge retten. Daran hängt mein Leben. Aber diese unscheinbaren Mittelchen. Jetzt fürchte ich mich vor ihnen. Denn sie holen mich weg und bringen mich zurück, ganz wie es ihnen beliebt. Sie lassen sich auf keinen Handel mit mir ein. Dämmerzustand.
»Mein Gott, warum denn ausgerechnet ich –«
Die Stimmen nebenan sind unendlich laut. Mein Nachbar, ein anderer als sonst, stöhnt wieder. Ihn beschäftigen andere Worte. Er soll sein Schicksal, bitte, von mir abrücken. Bitte. Die Menschen, die lebenden, können so rücksichtslos sein.
»Wie geht es uns denn heute?«
Ständig sind sie um uns herum. Weiße Techniker. Ich rekonstruiere. Ein Tag kommt mir dabei immer wieder abhanden. An diesem Tag muß einiges mit mir passiert sein. Corazón. Ja, es klopft noch. Mein Herz erzeugt Wärme. Mein Durst meldet sich mehrmals stündlich. Sobald mein Blick auf die Wasserflasche fällt. Ich zwinge mich, daran vorbeizusehen. Fachinger. Eine Flasche pro Tag. Ich muß

sie für mich rationieren. »Wir kommen gut voran«, sagt der Arzt, sobald er das Zimmer betritt.

Nach dem Aufwachen war mir klar, daß ich mich nicht mehr bewegen konnte. Nur den ungeschickten rechten Arm. Man hätte mich fragen sollen. Ich bin Linkshänder. Mein Körper ist über eine weite Fläche gespannt.

Der Mann neben mir wiederholt in kurzen Schüben, daß er drei Tage vor mir operiert wurde. Vielleicht sogar vier Tage. Alles ist bei ihm viel schlimmer. Weil er älter und zukkerkrank ist. Der Durst ist zum Wahnsinnigwerden, erklärt er. Immer aufs neue. Während er spricht, können wir uns nicht ansehen. Ab und zu erkenne ich seine rechte Hand vor dem Fenster, die Hand, die er ganz langsam mit seinen kurzen Sätzen hebt und senkt.

»Reißen Sie sich doch zusammen«, sage ich schließlich, weil er meine Nerven zermürbt.

Er schweigt wütend. Später erst sehe ich ihn richtig. Da weiß ich mich dann nicht zu wehren. Da kann ich ihn nur ansehen. Sein wachsbleiches Gesicht ist anders, ganz anders als ich es mir vorstellte. Eingefallener, blasser. Die Haare stehen am Hinterkopf vom langen Liegen hoch. So werde ich auch aussehen. Erbärmlich. Dann lieber sterben.

Irgendwann knarrt sein Bett. Ein neues Geräusch. Halbdunkel. Er hat sich aufgerichtet, der Mann, der ständig seinen Durst und die Pfleger und die Ärzte verflucht. Später will er mit ihnen abrechnen. Mit allen, die ihm so viele Schmerzen zufügten.

Er beugt sich zu mir herüber. Ich schließe die Augen wieder. Meine Schlafmiene soll ihn beruhigen. Aber er richtet sich weiter auf. Er stöhnt ein wenig. Das rechte Lid hebe ich, fast unbewußt. An meiner Nase vorbei habe ich einen unscharfen Bildausschnitt. Ein Bein hat der Mann bereits auf dem Boden. Sonst pflegte er bei jeder Gelegenheit zu klingeln. Etwas liegt in der Luft.

Mit der Rechten hält er die beiden roten Schläuche, die auch an seinem Körper angebracht sind. Er tastet sich millimeterweise vorwärts. Er stöhnt. Die Leitung, die zu seinem Tropf führt, spannt sich. Ein lebensgefährliches Unternehmen. Es gilt mir. Ich schweige und bin sicher, daß ich schweigen muß. In dieser Nacht hat er mich in der Hand. Er nähert sich meinem Bett. Die Herzschläge in meinem Körper nehmen zu.

Er hat etwas vor mit mir. Seinen Blick spüre ich, seinen Medizingeruch, meine, den verbrauchten Atem ganz nah an meinem Gesicht zu spüren. Wie krank ist er eigentlich? Ob Kranke Kranke umbringen? Kann man jetzt klingeln, um Hilfe zu bekommen. Hilfe wofür? Schutz wovor? Seine schmale Hand, die unterernährte Kralle, streckt sich aus. Aber sie greift nicht nach mir. Meine Augen sind geschlossen. Die Wasserflasche. Ganz schnell wird sie an seinen Mund geführt. Seine Zähne reißen den Verschluß herunter. Das Wasser. Warm, geschmacklos, kraftlos. Aber eine Köstlichkeit.

Es gluckert in seinem trockenen Hals. Der Mann trinkt meine Ration, die bis zum Vormittag reichen sollte. Eine Stimme in mir schreit.

So was wie Ohnmacht. Ich atme ganz flach. Meine Fingerspitzen werden noch kälter. In Panik geraten, kann der Mann mit der Flasche zuschlagen. Er könnte mir die Luft abdrücken, die Operationsnarbe aufreißen. Ein idiotischer Tod, vielleicht als Unfall bezeichnet. Keine Bewegung der Augäpfel. Ich möchte nicht aus dem Leben gestrichen werden, jetzt nicht mehr. Die Flasche ist leer. Er setzt sie vorsichtig auf dem Nachttisch ab. In dem Glas daneben sind noch ein paar Tropfen.

Auf dem Rand seines Bettes sitzt er. Seine Augen betasten mich wohl immer noch von oben bis unten. Schweiß rinnt aus meinen Haaren. Die Gefahr ist noch nicht vorbei. Meine Zähne haben sich verklemmt. Ich spüre das Wasser, das an meinen Schläfen herunterfließt. Kissen und Unterlage sind feucht. Ich will hier überleben.

Dann rutscht der Mann Zentimeter für Zentimeter nach hinten. Er stöhnt wieder. Ich zittere, kann das Zittern nicht mehr verhindern. Schritte. Das Gesicht des Pflegers, der

Nachtdienst hat, ist trotz der Notbeleuchtung nicht zu erkennen. Er spricht mit mir wie mit einem Kind.
»Das schlimmste haben Sie schon hinter sich«, sagt er leise.
»Ja«, sage ich leise.
Der Pfleger wechselt die Infusionsflasche aus. Morgengrauen. Behutsam erneuert er mein durchgeschwitztes Bett. Während mein Nachbar schläft. Er atmet ganz entspannt.

Ernst Herhaus

Ich, Ernst Herhaus, geboren 1932, Alkoholiker und Schriftsteller, erzähle hier von meinem persönlichen Tiefpunkt als Alkoholiker. Ich überlebte, schloß mich umgehend einer Selbsthilfegruppe mit anderen Alkoholikern an und bin seit November 1973 von Alkohol und jedweden Tabletten frei.

Kapitulation

In der Frühdämmerung des 17. November 1973 kam ich in einem fremden Apartment zu mir. Gekrümmt lag ich auf dem Boden. Liebreich war da, ich fühlte es. Endlich. Von der Schädeldecke herab und herauf von den Fersen und von meinen Fingerspitzen her wanderte Kälte auf meine Herzgegend zu. Langsam und unaufhaltsam. Ein Schneestamm in mir rollte auf mich zu. Wenn er meine Herzgegend erreichte, würden sie später nur noch meinen Leichnam finden. Liebreich hatte keine Gestalt mehr. Er war jetzt unsichtbar und schweigsam, ganz er selber. Ich wollte um Hilfe rufen. Unterließ es. Ich war sicher, daß der Schneestamm mich sofort überrollte, sollte ich um Hilfe rufen. Ich mußte mich auf den Tod vorbereiten und begann mich zu wundern, daß mein Leben nicht an mir vorüberzog. Es hieß, daß dies geschähe in der Sterbestunde. Ich hatte das immer geglaubt. Aber da war nichts. Ich sah keine Bilder, erfuhr nur meine Leere. Der Schneestamm rollte langsam weiter und kam mir näher. Gewiß nun meines Endes fragte ich mich, was mein Leben gewesen war? Es war Angst gewesen. Ein Stoßgebet in der Kindheit, am Feldrand. Trinken. Erkenntnis, Wegschieben der Erkenntnis. Der Beginn der Vernichtung. Eleonora. Das lange Leid. Nun das Ende. Das war mein Leben gewesen. Da kam ein Funke Freude herbei, es war ein Funke geistiger Freude. Freude im Gedanken, daß Liebe selbst mein martervollstes Unglück momenthaft zum Stehen gebracht hatte. Dann der Gedanke: ›Du liegst jetzt hier und stirbst und nie hat einer von deinem wirklichen Drama jemals etwas erfahren, davon, daß alle deine Verstümmelungen dir bekannt wurden, während du sie durchmachtest – und dennoch wird das alles unfehlbar an das Licht der Wirklichkeit kommen und wie das geschieht, bestimmt allein Gott, diese helle Macht, die du zum erstenmal fühltest, während du als Junge im Dorf die Siebte von Beethoven exakt vorausfühltest und die Musik hörtest.‹ In diesem Augenblick schickte ich ein Stoßgebet aus meiner Atemstockung. Es war kein Denken, es war kein Wille, es war ein stummer Ahnungsschrei: ›Danke, Gott, daß ich das alles durchleben durfte, danke.‹ Ich wurde ruhig? Ich wurde ruhig, denn ich dachte: ›Jetzt kommt er, Liebreich, jetzt holt er dich, der Tod.‹ Ich wurde ruhig und war bereit. Aber da spürte ich, wie der Schneestamm, der meine Herzgegend erreicht hatte, vor seinem den Tod bringenden letzten Millimeter zum Stehen kam. Dann war da kein Schneestamm mehr. Kein Schneestamm mehr? Ich hob etwas den Nacken, aber ich fiel mit dem Hinterkopf zurück auf den Boden. Im Schmerz des Aufschlagens kam ich zu mir. Ich lebte? Unfaßbar, ich lebte. Konnte mich aufrichten und sah die Flasche. Ich sah die volle Flasche auf einem kleinen eisernen Hocker stehen, die volle und geöffnete Flasche. Ich sah mich um. Ich war allein in dem Raum. Eine schreckliche Gier packte mich. Ich stand auf den Füßen. Ein Suchtsturm zwang mich zu der Flasche. Ich umklammerte ihren Hals. Sie war geöffnet. Ich hob sie hoch und zitterte vor Gier. Da erreichte mich eine Anmutung von sehr weit draußen. Ich war sicher, jetzt zu verrecken, wenn ich die Flasche nicht austrank. Da sagte ich laut: »Nein. Gehe drauf, indem du dich wehrst.« Hart setzte ich die Flasche hin. Wich zurück, torkelte durch das Zimmer. Im Suchtdruck torkelte ich, nicht vor Schwäche. Ich erreichte das Bad. Wollte wieder zu der Flasche, aber das Erlebnis, daß ich mich nun im letzten Moment doch noch einmal zu wehren anfing, wie unzählige Male vorher, dieses Erlebnis hatte sich nun in den Trümmern meiner Phantasie festgekrallt: Seit je hatte es sich in den Resten meines Hirns festgekrallt und mit einemmal erfaßte ich das Wunder, daß tausendfaches Sich-Wehren, immer besiegelt von neuer Niederlage, nicht sinnlos gewesen war. Ich sah im Spiegel auf der fremden Toilette meine kranken Augen und konnte also noch sehen. Ließ ein Bad ein. Dabei fiel ich vor Schwäche mit dem Gesicht auf die hintere Emaillerundung der Wanne, als ich mich zu dem Wasserhahn hinüberbückte. Der Schmerz war schmutzig, aber das Wasser lief ein. Ich zog meinen stinkenden Pullover aus, ließ die Bierhose herunter, brachte mir in qualvoller Umständlichkeit die klebrigen Socken von den Füßen. Stieg ins Wasser. Es war eiskalt. Ich rutschte aus in der Wanne und lag in der eiskalten Brühe, hatte mir den Arm aufgeschlagen dabei. Dann drehte ich den anderen Hahn voll auf, verbrannte mich und fluchte laut und dieses laute Fluchen auf mich selber tat mir gut. Bernd kam ins Bad. Bernd? Ich war bei ihm? In seiner Hand baumelte die offene und nun nur noch halbvolle Flasche. Ich spekulierte, ob er mit der Flasche in Griffnähe käme. Blitzschnell hätte ich sie ihm entrissen. Aber das geschah nicht, denn er stellte die Flasche auf den Spülstein. Daß ich nicht aus eigenem Vermögen an diesem Morgen nicht doch wieder getrunken habe, diese Tatsache hat sich seither in meinem Gedächtnis eingegraben. Bernd verließ das Bad und ich verließ die Wanne, stand wieder vor dem Spiegel und sah mein zerschlagenes Gesicht. Meine nassen Haare auf der Schädeldecke taten mir gut. Ich nahm die Zahnspangen heraus, legte sie zitternd auf den Rand des Spülsteins und nahm eine Handvoll Wasser in den Mund, bekam Brechreiz. Ich beugte mich über die Toilettenschüssel. Ein paar nicht entfernte fremde Kotreste näherten sich meinem gebeugten Gesicht. Der Ekelreflex funktionierte immer noch, mir hob sich der Magen und in einem dicken Strahl schoß der Dreck noch einmal aus mir heraus. Ekel hat mir unzählige Male geholfen, wenigstens einen Teil von dem, was mich so krank machte, auszuspucken, wahrscheinlich den entscheidenden Teil. Ich reinigte meine Mundhöhle, reinigte die Zahnspangen mit den Fingern und bugsierte sie wieder an ihren Platz. Ich zog meine alte Bierhose wieder an, aber nicht mehr den Pullover. In der Diele holte ich mir aus einem Wandschrank ein frisches Hemd von Bernd. Es war zu eng für meinen Bauch, ich zog es trotzdem an, wenigstens ein frisches Stück an meinem Friedhofsfell. Ich tappte in das Apartment. Bernd machte ein Frühstück. Er trank bereits. Besser sein Alkoholismus als diese gottverdammte subventionierte Motzerei. Wir hatten das übliche Frankfurter Nuttenfrühstück, schwarzen Kaffee und Rothändle. Ich schlürfte vorsichtig einige winzige Schlucke. Sie blieben unten. Bernd trank eine neue Flasche Bier an. Dann trank er weiter. Ich betrachtete ihn beim Trinken. Sein Charme war eine Kette hochgezüchteter Angstgrimassen. »Willst du nicht mal deine Verlobte anrufen?« fragte er. Ich sagte: »Nein, ich werde jetzt Schneeflocke anrufen.« Das war die bedingungslose Kapitulation.

Johannes Mario Simmel

Ich war selbst einmal ein schwerer Alkoholiker, trinke jedoch seit 18 Jahren keinen Tropfen mehr. Die Todesangst-Passage ist eine äußerst realistische Schilderung.

Bis zur bitteren Neige

Warnungslos, von einem Atemzug zum andern, brennend heiß und eisig kalt zugleich, schlug sie ein mit mörderischer Wucht. So furchtbar war der Schlag, den ich erhielt, daß ich, zusammenklappend wie ein Taschenmesser, seitlich in einen Sessel stürzte, der vor dem Kamin stand. Nun war nur noch ein einziger Gedanke da in meinem Hirn, ein überwältigender, der mich panisch packte, schüttelte, zusammensacken ließ. Ich dachte, nein, ich wußte es: Ich starb.

Herzinfarkt.

Ich starb an einem Herzinfarkt. Oft hatte ich die Nacht durch wach gelegen in Furcht vor einem Ende so wie diesem. Nun war es da, das Ende. Herzinfarkt.

Was ich jetzt noch empfand, das war mein Sterben, was sich da hochwühlte in meinem Leib, das war mein Tod. Denn nun begann sie in mir aufzusteigen, die fürchterliche Riesenfaust, empor, empor, dem Herzen zu.

»Arr . . . arrr . . .« Von weit her konnte ich mich rasselnd stöhnen hören, ringen nach Luft, umsonst. Die beiden Hände preßte ich nun an den Leib, um diese Faust in meinem Körper anzuhalten auf ihrem todbringenden Weg nach oben.

Allein sie stieg.

Ich fühlte, wie sie stieg. Vor meinen Augen schwamm das Bild des Zimmers, wurde klar und unklar, wie auf der Milchglasscheibe einer Kamera, deren Optik hin und her gedreht wird. Meine Frau, Ephraim Lessing, Shirley sahen mich an, versanken, sahen mich an.

Die Faust in meinem Innern hatte nun das erste Rippenpaar erreicht. Und weiter stieg sie, ohne Eile, ohne Gnade. Unter sich ließ sie schon eine Teilleiche zurück mit abge-

storbenen Organen: Füßen, Schenkeln, Hüften, Bauch. Vor sich her drängte sich auf immer engerem Raum zusammen, was es in meinem Körper da noch gab an tristem Leben, preßte sie zusammen Atem, Venen, Blut: Blut, welches nun rasend zu hämmern anhub in den Fingern, in den Schläfen, hinter meinen Ohren.
Einer Maschine ähnlich keuchte ich. Die Atemnot bog meinen Körper durch, riß ihn empor zu einer grauenvollen Brücke. Die Fersen bohrten sich in den Velours, die Schulterblätter in die Sessellehne.
»Ich . . . sterbe . . .«
So hörte ich mich lallen. Im gleichen Augenblick erreichte auch die Riesenfaust, die fürchterliche, die es gar nicht gab und die mich dennoch tötete, mein Herz. Damit schoß, gleich einer Springflut, Angst in mein Gehirn und lähmte es wie Gift.
Angst!
Angst so wie diese hatte ich noch nie gefühlt. Angst dieser Angst gleich hatte sich bisher all meiner Vorstellung entzogen.
Ich glaubte, Angst zu haben, als ein ganzes Filmstudio in Flammen aufging und ich eingeklemmt unter den Trümmern der Beleuchterbrücke lag. Für Angst hielt ich, was ich empfand, als ich mit fünfzehn Jahren zusah, wie meine arme Mutter sich minutenlang zu Tode würgte an dem Geschwür in ihrer Kehle. Am Tag D hatte mich in der Normandie deutsche Artillerie verschüttet. Vor Aachen bombardierten uns versehentlich die eigenen B-52, weil der Wind sich gedreht und die Rauchringe der Markierungsflugzeuge verweht hatte. Eine Düsenmaschine, mit welcher ich nach Mexiko flog, war durch ein Versagen der automatischen Steuerung im freien Fall zehntausend Meter tief gestürzt, bevor sie vom Piloten abgefangen werden konnte. In allen diesen Augenblicken war ich davon überzeugt gewesen, daß kein Mensch auf der Welt jemals mehr Angst empfunden haben konnte.
Angst?

Ich hatte überhaupt noch nicht gewußt, was Angst war. Nun wußte ich es. Nun blähte sie sich auf in mir, die richtige, die wahre Angst: lähmte meine Glieder, nahm mir das Sehvermögen, Hörvermögen, wuchs und wuchs, füllte mich, so wie man Ballons mit Gas füllt, daß sie größer werden, immer größer, ungeheuer groß.
Die Fraust in mir öffnete sich. Mein Herz umschlossen ihre Finger, drückten zu. Ich schrie verzweifelt auf und gellend, aber gewiß hörte mich niemand; denn der Sturm raste ums Haus und übertönte alle Schreie.
Jetzt. Jetzt. Jetzt.
Jetzt kam der Tod.
Der Tod kam nicht. Noch kam er nicht.
Mein Herz frei gab die Riesenfaust, hinabzusinken fing sie an, ich konnte fühlen, wie sie sank: drittes Rippenpaar, zweites, erstes, Magengrube. Da blieb sie: hinterhältig, tückisch, ihrer Sache sicher.
Ich zitterte am ganzen Körper. Ich fühlte, wie mein Herz schlug, rasend schnell. Die Schläge spürte ich im Rücken, in den Zehenspitzen, in der Zunge.
Wann hieb sie wieder zu, die Faust? Wann kam sie wieder, diese Angst? Sie waren in mir, alle beide, grauenvolle Gäste. Noch lebte ich. Wie lange noch? Wer konnte es ertragen, solcherart auf seinen Tod zu warten? Niemand. Kein Mensch auf dieser Welt.
Ein Arzt.
Ich mußte einen Arzt haben.
Das hatte ich noch nicht gedacht, da hörte ich mich auch schon stöhnen: »Nein . . .«
Kein Arzt durfte mich sehen in diesem Zustand, was immer mit mir noch geschah. Kein Arzt. Nicht jetzt. Die grünen Augen Shirleys sahen mich an, hypnotisierten mich, beschworen mich.
Alles war aus, wenn mich ein Arzt nun untersuchte, und unsere Liebe war verflucht, und meine Chance war vertan: die letzte Chance, die ich noch besaß, in Deutschland, hier, in dieser sturmgepeitschten Stadt.

Nein, Shirley, nein.
Kein Arzt.

Whisky.
Mit diesem Wort in meinem Hirn flackerte wieder Leben auf in mir. Würgende Gier nach Alkohol erfüllte mich. Ich brauchte Whisky! Den guten Scotch, gesegnet und gebenedeit, Erretter aus der Not. Ich konnte ihn schon riechen, schmecken, konnte fühlen, wie er mir durch die Kehle floß, rauchig und wundersam, wie er sie auflöste, die Mörderfaust, wie er sie zum Verschwinden brachte.
Whisky!
Wie aus Gelee waren meine Beine. Torkelnd erhob ich mich, schwankte vorbei an Joan und Shirley, napoleonschem Marschall, deutschem Dichter, zurück ins Schlafzimmer, wo immer noch das Kristallämpchen auf dem Nachttisch brannte, sinnlos, kraftlos. Whisky, ja.
Es war bloß Shirleys Anruf. Das Erschrecken. Zuviel Alkohol in der letzten Nacht. Der Sturm. Der frühe Morgen. Es war alles, nur der Tod war es nicht. Ich brauchte keinen Arzt.

Alexandra Cordes

Ich glaube, daß der Mensch mit einer natürlichen Vorsicht gegen seine Umwelt, jedoch nicht mit Angst geboren wird. Die Angst wird ihm anerzogen, weil er von früher Jugend an dazu angehalten wird, keine Angst zu haben; sie dann wiederum zu überwinden, bedarf der Willenskraft und der Phantasie.

Keine Angst

Wozu ihn die Eltern erzogen, die Lehrer ihn ermahnten, was seine Geschwister von ihm erwarteten, war, keine Angst zu haben, sie niemals zu zeigen, und wenn er sie empfand, dann mußte er sie überwinden.
So einfach war das.
Er wuchs in einem großen Haus auf, das eine eigene Sprache besaß; oft war es, als wiege es sich im Wind, dann wieder, als erbebe es, wenn Gewitter sich über dem nahen Fluß stauten.
Es gab einen großen Speicher im Haus und ungezählte Keller; nichts davon durfte er als Kind erforschen, stets hieß es, ihm könne dabei etwas geschehen, und so war es ihm oft, als lebe er auf einer Schwebebühne zwischen Hell und Dunkel.
Wenn es im Haus seufzte und stöhnte und ächzte, so sagte Billa, das Mädchen für alles, das Haus ist halt alt, und es hat viel gesehen. Hier sind so viele Leut' geboren worden, und manch einen haben wir mit den Füßen zuerst aus dem Haus getragen.
Warum mit den Füßen zuerst?
Dummer Bub, wenn einer tot ist, ist er tot. Dann kann er nicht mehr selber gehen.
Billa war es auch, die Speicher und Keller mit Wesen bevölkerte, die er nur zu gern ein einziges Mal gesehen hätte; da gab es Geister auf dem Dachboden, die in Vollmondnächten zu den Klängen einer Spieluhr tanzten, und in den Gewölben unter dem Haus gab es Riesenratten, die böse kleine Jungs mit in die Hölle nahmen.
Glaub ihr nichts, sagte seine Mutter, sie will dir nur Angst machen, und er fragte sich, warum Billa eben dann so fröhlich lachte.
Seine Brüder spielten mit Panzern und Kanonen und

stimmten gellendes Kriegsgeschrei an, wenn er nur in ihre Nähe kam.

Seine Schwester nahm ihn einmal mit in den Keller und zeigte ihm das Teufelsmaul; es war viereckig, und sie fütterte es mit vielen Schaufeln Kohle.

Unsinn, Junge, sagte sein Vater, das ist doch nur die Heizung, du brauchst keine Angst zu haben.

Wenn sie von ihm erwarteten, daß er vor Angst weinen würde, preßte er Mund und Augen fest zu und lief einfach davon.

Aber er fürchtete sich sehr.

Er war der Jüngste, der Nachkömmling, der mit zu kurzen hastigen Schritten seinen Brüdern nachzueilen versuchte. Seine Schwester hänselte ihn, weil er stets außer Atem schien.

Seine Großmutter zog ihn dann auf ihre rauhen schwarzen Tuchknie, obwohl er schon widerstrebende sechs Jahre alt war, und fütterte ihn mit süßen Katzenzungen. Riß sie Katzen die Zungen aus? Er war sehr erleichtert, als er zu seinem achten Geburtstag einen graugestromten Kater mit rosiger Zunge bekam.

Die Großmutter zog ihn auch im Winter an sich, wenn die Eltern ausgegangen waren und er wegen seines Schnupfens nicht mit den anderen Kindern im Schnee spielen durfte. Sie öffnete dann die weiße Klappe des Küchenherdes, damit er das Fegefeuer sehen könne.

Mußt keine Angst haben, flüsterte dann auch sie, ich bin ja bei dir.

Aber nun konnte er schon lesen und schreiben und oft lag er auch tagsüber auf seinem Bett, und auf die weiße Wand malte sich ganz von allein das Wort Angst in steilen schwarzen Lettern.

Er betrachtete die einzelnen Buchstaben und stellte sie mit seinen Blicken auf den Kopf oder trennte sie voneinander und ließ sie sich umeinander drehen wie ein Jongleur fünf Gummibälle; wenn ihm die Lettern zuerst noch wie Rußflecken erschienen, so wurden sie doch sehr bald bunt und wirbelten einfach davon.

Er lernte mit dem Wort Angst spielen, es wurde ihm so vertraut wie sein Name, so gewohnt wie die Hand seiner Mutter, wie ihre Stimme, die ihn streichelte und flüsterte, brauchst keine Angst zu haben, wirst ja wieder gesund.
Er war ein schwächliches Kind, er war und blieb der Nachzügler.
Auch als er in den Krieg zog.
Er stapfte geduldig hinter anderen durch endlosen Schnee, er lag in nassen kalten Gräben, Granat- und Bombenbeschuß erinnerten ihn nur an die Gewitter seiner Kindheit.
Da las er die Angst in allen Augen und auf den stummen oder fluchenden Lippen, die oft weißer waren als die Haut um sie herum, und manchmal blutig zerbissen.
Mann, Junge, du spazierst durch den Krieg, als wär's ein Kindergarten, sagte ein Kamerad.
Er konnte immer noch mit den fünf schwarzen Lettern spielen, wenn er nur die Augen schloß.
Als er verwundet wurde, empfand er außer dem Schmerz nur Verwirrung.
Sie brauchen keine Angst zu haben, sagte der Arzt im Lazarett, Sie kommen durch.
Er behielt seine linke Hand, fuhr nach Haus und saß mit der Großmutter und der Mutter im Keller des alten Hauses. Nun durfte er auch endlich die Keller hinter den Kellern entdecken. Er lachte, als er es tat, sie waren so leer.
Während der Bombenangriffe malte er die fünf schwarzen Lettern mit seinen Augen auf die bebende Kellerwand. Sie hielt allem stand.
Du bist total abgestumpft, seufzte seine Mutter.
Manchmal, zwischen den Angriffen, ging er in den Anlagen spazieren, am Poppelsdorfer Schloß.
Und eines Tages sah er dort ein Mädchen, das Vögel fütterte, die nahe beim Löschweiher nisteten.
Das Mädchen war mager, hatte ein spitzes Gesicht und war allein.
Woher kommst du? fragte er.

Aus der Stadt.
Ihre Augen sahen ihn weitgeöffnet an, sie waren von einem durchsichtigen Grau, wie flüchtige Nebel.
Wie alt bist du? fragte er.
Achtzehn. Und du?
Zwanzig.
Sie blickte auf seine linke Hand.
Warum fütterst du die Vögel? fragte er.
Weil es sonst keiner tut.
Aber du gibst ihnen doch ganz frisches Brot.
Nein, ich habe es vorher geröstet, sagte sie, sonst quellen die Krumen in ihren Mägen auf.
Wenn du morgen wiederkommst, bringe ich auch etwas für deine Vögel mit.
Es sind Eichelhäher, sagte sie, normalerweise leben sie am Waldrand.
Und warum kommen sie jetzt in die Stadt?
Es wagt sich doch niemand mehr in den Wald. Eichelhäher sind gesellige Vögel.
Ihre Hände waren klein und rund, beschrieben lockende Kreise.
Er stahl Kekse aus der blausilbernen Lebkuchendose seiner Großmutter, er nahm auch einen der dicken wollenen Schals seiner Mutter mit.
Ich friere nicht, sagte das Mädchen. Ich denke einfach nicht daran, daß es schon kalt ist.
Die Kekse schaute sie an, als hätte sie die gern selbst verspeist.
Tu's doch, sagte er.
Sie schüttelte den Kopf.
Hast du Geschwister? fragte er.
Mein Bruder ist gefallen.
Und deine Eltern?
Meine Mutter ist nie zu Hause.
Sie zerbröckelte die Kekse für die Eichelhäher, die Vögel hüpften im Kreis um sie herum.
Warum hast du nur eine Hand? fragte sie.

Die andere hab ich verloren.
An der Front?
Ja.
Hat es sehr weh getan?
Ja.
Hast du große Angst gehabt?
Nein.
Nein?
Er schüttelte den Kopf.
Warum nicht?
Ich mal mir die Angst an die Wand.
Du bist komisch. Sie lachte.
Er lachte auch.
Sirenen fingen an zu heulen, Vor- und Hauptalarm.
Jetzt muß ich weg, sagte das Mädchen. Wie heißt du? Sie tat einen zögernden Schritt, wollte bleiben, konnte nicht bleiben, begann, davonzulaufen.
Weit voraus, über dem Bahndamm und der Unterführung am Bürgerverein, sah er Rauchpilze in die Luft steigen.
Bleib, rief er und lief ihr nach.
Als er sie erreichte, schlug ganz nah eine Bombe ein.
Er warf sich über das Mädchen.
Nach einer Weile schob sie ihn von sich weg und setzte sich auf.
Wie heißt du? fragte er.
Hast du mir jetzt das Leben gerettet?
Ach, sicher nicht.
Sie wischte sich Dreck und Erde aus dem Gesicht, kaute und spuckte einen Grashalm aus.
Er lachte.
Warum lachst du? fragte sie.
Weil ich Angst um dich gehabt habe.
Das ist doch nicht zum Lachen!
Ja, doch, sagte er.
Warum?
Weil ich's endlich begriffen habe.
Was denn?

Daß man nur um einen Menschen Angst haben kann. Um dich, zum Beispiel.
Um mich?
Ja, doch. Ich hatte Angst um dich, und das war schön.
Du bist komisch.
Du auch.
Warum?
Du fütterst Vögel und kaust Grashalme, mitten im Krieg.
Na und?
Das gefällt mir.
Sie nahm seine Hand. Ich mag dich auch.
Er zog sie hoch. Sie sah ihn lange mit ihren weitgeöffneten Augen an.
Kommst du morgen wieder her? fragte er.
Ja. Du auch?
Ja. Ich auch.
Alle Tage?
Alle Tage.
Im Sommer können wir hier im Löschteich schwimmen.
Das wird lustig.
Ja, zu zweit macht es bestimmt Spaß.
Wieder heulten die Sirenen.
Jetzt bringe ich dich nach Hause, sagte er.
Sie schüttelte schnell den Kopf.
Warum nicht? Bitte, laß mich doch mit dir gehen.
Sie ließ seine Hand los.
Warte lieber morgen hier auf mich. Und wenn ich einmal nicht mehr komme, brauchst du mich auch nicht zu suchen.
Sie kam noch viermal zum Löschteich, um die Eichelhäher zu füttern. Dann blieb sie fort.
Er suchte sie noch viele Jahre später, und hatte nie Angst, sie verändert zu finden.

C. C. Bergius

Ich kann das Thema Todesangst nur von meiner Warte betrachten, von der Warte eines Menschen, dem auch in gefährlichsten Situationen immer noch ein Hoffnungsschimmer geblieben ist.
Aber ich gebe zu: Im Verlauf meiner fünfzigjährigen Tätigkeit als Pilot habe ich die Todesangst mehrfach kennengelernt. Besonders in jungen Jahren, als wir mit Mut und Draufgängertum ersetzen mußten, was uns an technischen Finessen und fliegerischer Erfahrung fehlte. Doch auch als erfahrener Flugkapitän war ich nie völlig frei von dem, was wir Todesangst nennen. Dieser Gefühlszustand verlor allerdings mit der Zeit seine Beklemmung. Man gewöhnte sich an ihn. Er wurde einem vertraut.
Nun wäre es freilich unsinnig zu behaupten, damit jeden Schrecken verloren und die Angst generell überwunden zu haben. Im Gegenteil, ich bin mir bewußt, daß mein Blutdruck in kritischen Sekunden und Minuten auch weiterhin gewaltig anstieg. Aber das Verhalten des Herzens änderte sich. Vielleicht ist dies eine subjektive Täuschung, doch ich weiß gewiß, daß mein Herz in gefährlichen Momenten von einem nicht näher definierbaren Augenblick an kaum schneller als gewöhnlich schlug. Eher war es wie abgeschnürt. Es dominierte allein noch nüchternes Denken. Konzentration verbannte jedes Flattern. Der Lebenswille steigerte sich und brachte, im nachhinein gesehen, ein geradezu vermessen anmutendes Gefühl der Überlegenheit hervor. Und dies war es, was mir in manchen fast schon hoffnungslos erscheinenden Situationen geholfen hat.
Niemals aber habe ich mich danach als Sieger gefühlt. Kämpfe in Todesnähe hinterlassen Spuren, die man ein Leben lang wie ein Gezeichneter mit sich herumträgt. Man wird nachdenklich und kann sich nicht vorstellen, in einer kritischen Situation je wieder von einem Lebenswillen durchdrungen zu sein, der an Vermessenheit grenzende Gefühle der Überlegenheit auslöst.
Wenn es jedoch soweit ist . . .

Alles in Ordnung?

Als Meteorologe sollte wieder jener Assessor mitfliegen, der beim ersten Einsatz so nervös geworden war. Er hatte sich inzwischen gemausert und war ein besonnener, umsichtiger und angenehmer Kamerad geworden. Seiner Aufmerksamkeit war es auch zu verdanken, daß an diesem Tage einer in Not geratenen Flugzeugbesatzung wichtige Hilfestellung geboten werden konnte. Nach einem stundenlangen Flug rief er in Höhe der Faröer-Inseln plötzlich: »Dort drüben . . .! Ist das nicht ein Schlauchboot?«
Robert Schroeder leitete eine Kurve ein, und es erwies sich, daß der Wissenschaftler sich nicht getäuscht hatte. Tief unter ihnen befand sich ein kleiner gelber Punkt.
Jens Lüdeke, der Bordmechaniker, blickte erwartungsvoll in den Spiegel des Piloten.
»Gehen wir runter?«
»Selbstverständlich. Zunächst müssen wir aber unseren Standort ermitteln.«
»Welche Funkfeuer darf ich servieren?« fragte der Funkmaschinist Alois Brandner.
»Den Helder, Bodø und Stavanger«, antwortete Robert Schroeder, legte die Maschine wieder auf Kurs und wandte sich an den Mechaniker. »Packen Sie die Hälfte unseres Notproviantes in den Abwurfbeutel.«
»Bodø ist auf Kanal eins«, meldete der Funker.
Robert Schroeder schaltete sich ein und ermittelte mit dem zwischen seinen Beinen befindlichen Peilgerät die Richtung zum genannten Sender. Das gleiche tat er mit den beiden anderen Funkfeuern. Danach trug er die Peilungen in die Navigationskarte ein und sagte: »Meldung an die Staffel: Um zwanzig Uhr fünfzehn auf Position sechs Grad westlicher Länge, dreiundsechzig Grad nördlicher Breite ein Schlauchboot gesichtet. Wir unterbrechen den Temp,

um die Hälfte unseres Notproviants abzuwerfen. Anschließend neuer Aufstieg.«
»Alles klar!« rief Alois Brandner.
Robert Schroeder setzte zu einem steilen Abstieg an. Die Ohren wurden taub. Im Boot wurden zwei Männer erkennbar, die lebhaft winkten. Er drückte die Maschine bis auf hundert Meter Höhe herab und umkreiste das Schlauchboot. Deutlich war jetzt zu erkennen, daß die Insassen deutsche Fliegerkombinationen trugen.
»Auf dem Boden des Bootes liegt noch ein dritter!« rief Alois Brandner.
Alle vier schauten angespannt nach unten.
Der Assessor bediente sich des Bordfeldstechers. »Das sieht nicht gut aus«, sagte er nach einer Weile. »Die beiden, die auf dem Wulst sitzen, haben dunkle Wangen. Sie sind also schon seit Tagen nicht mehr rasiert. Wenn der auf dem Boden Liegende verletzt ist . . .«
»Wir können im Augenblick nicht mehr tun«, unterbrach ihn Robert Schroeder und schaute in den Spiegel. »Fertig, Jens?«
»Ja.«
Der Mechaniker öffnete ein Abwurffenster. Die Luft dröhnte nun so stark, daß der Lärm der Motoren übertönt wurde.
Robert Schroeder steuerte das Schlauchboot an und verringerte die Flughöhe bis auf etwa fünf Meter. »Achtung!« rief er, als die Entfernung zum Boot höchstens noch hundert Meter betrug.
»Los!«
Jens Lüdeke warf den wasserdichten Beutel ab. Sekunden später schlug er in unmittelbarer Nähe des Schlauchbootes auf.
Alois Brandner wies zum Boot hinunter. »Sie haben den Beutel erwischt!«
Robert Schroeder drehte noch eine Runde und fragte den Meteorologen: »Können wir mit der Wiederholung des Temps beginnen?«

Der Assessor schaltete den Meteorographen ein. »Von mir aus kann's losgehen.«
»Dann ab die Post!« Er ließ die Maschine steigen. »Wir haben viel Zeit verloren.«
Etwa eine Viertelstunde später, es waren dreitausend Meter Höhe erreicht und der Wissenschaftler wies eben darauf hin, daß die Dämmerung eingesetzt habe und in Kürze stockfinstere Nacht herrschen werde, rief Jens Lüdeke, der mit dem Fernglas das Meer abgesucht hatte: »Backbord voraus ein aufgetauchtes deutsches U-Boot! Das aufgemalte Hakenkreuz ist deutlich zu erkennen.«
»Die kommen uns wie gerufen!« schrie Alois Brandner. »Nix wie runter und denen die Position des Schlauchbootes vor die Füße geknallt!«
Robert Schroeder blickte zum Meteorologen hinüber. »Die Chance dürfen wir uns wirklich nicht entgehen lassen. Wir müssen den Temp nochmals abbrechen.«
»Ich werde Sie nicht daran hindern.«
»Schnell, Jens! Wo ist das U-Boot?«
Der Hamburger wies schräg nach vorne.
»Ja, jetzt sehe ich es. Schießen Sie das Erkennungssignal. Sonst tauchen die Brüder noch weg.«
Jens Lüdeke steckte hastig eine Patrone in den Lauf einer seitlich aus dem Rumpf herausragenden Pistole und feuerte. Eine grüne, eine weiße und zwei rote Leuchtkugeln sanken langsam auf das Meer hinab.
Robert Schroeder wechselte den Kurs noch nicht, sondern wartete, bis vom U-Boot das gleiche Signal geschossen wurde. Danach zögerte er nicht mehr. Er drückte das Flugzeug in die Tiefe. »Meldung vorbereiten! Wir müssen uns beeilen. Es wird dunkel.«
»Als Annäherungsform ist für diese Uhrzeit die Schlangenlinie vorgeschrieben«, rief der Mechaniker nach einem Blick auf die Zeittabelle.
»Verstanden.« Robert Schroeder kurvte zur Seite, um den Anflug in der vorgeschriebenen Form vornehmen zu können.

Deutlich war zu sehen, daß eine ganze Anzahl von Männern aus dem Turm des U-Bootes herauskletterte.
»Fertigmachen!« kommandierte Robert Schroeder.
Wieder wurde die Abwurfklappe geöffnet, und erneut begann die Luft ohrenbetäubend zu dröhnen.
Robert Schroeder drehte nach Westen, um das schwindende Licht des Tages im Rücken zu haben. Dabei ließ er die Maschine weiter sinken, bis er eine günstige Ausgangsposition erreicht hatte. Er sah, daß im Turm Männer standen, die ihnen mit Feldstechern entgegenblickten. Behutsam drückte er das Flugzeug noch tiefer und gab, nach einem schlangenförmigen Anflug, schließlich das Kommando zum Abwurf. Gleich darauf zog er die Maschine hoch, um zu wenden und festzustellen, ob alles geklappt hatte.
»Alles klar!« rief Jens Lüdeke.
Robert Schroeder umkreiste das U-Boot.
Die auf dem Rumpf stehenden Matrosen winkten.
»Der Meteorograph ist wieder eingeschaltet«, sagte der Assessor. »Sie können gleich zum Temp übergehen.«
»Aye, aye, Sir!« bestätigte Robert Schroeder gut gelaunt. Es stimmte ihn froh, etwas getan zu haben, das drei in Not befindlichen Kameraden das Leben retten konnte. Das U-Boot weiter umkreisend, ließ er das Flugzeug steigen.
»Die Patrone ist geborgen!« rief Alois Brandner. »Soll ich die Staffel verständigen?«
»Ja. Derzeitiger Standort ist etwa zweihundertfünfzig Kilometer nördlich der Faröer-Inseln.«
Jens Lüdeke lachte. »Der Staffelkapitän wird sich fragen: Wen werden die in der nächsten Stunde wohl treffen?«
Er hatte dies kaum gesagt, da geschah etwas, das niemand zu deuten wußte. Die auf dem Rumpf des U-Bootes stehenden Matrosen bewegten sich plötzlich auf den Turm zu, als würden sie von Seilen an ihn herangerissen.
»Die drehen ja auf, als wollten sie das Schlauchboot noch vor Einbruch der Dunkelheit erreichen«, sagte der Meteorologe.
Die Matrosen purzelten in den Turm wie Erbsen in einen

Trichter. Und obwohl die Turmluke noch offenstand und eine Reihe von Männern noch nicht im Inneren verschwunden war, tauchte der Rumpf des U-Bootes bereits unter Wasser.

In diesem Moment begriff Robert Schroeder, daß höchste Gefahr im Verzuge war. »Die fluten!« rief er und suchte den Himmel ab. »Aufpassen! Von irgendeiner Seite scheint ein Angriff . . .«

»Beaufighter!« schrie Alois Brandner.

Sekunden später krachte es ohrenbetäubend. Detonationen zerrissen die Luft. Leuchtspurmunition fegte durch die Kabine. Scheiben splitterten. Der Meteorologe sank in sich zusammen. Aus dem Steuerbordmotor schlugen Flammen. Robert Schroeder, der sich instinktiv an die hinter ihm befindliche Panzerplatte gedrückt hatte, betätigte den rechten Feuerlöscher. Dann ließ er die Maschine über die linke Tragfläche abrutschen, um die Flammen vom Rumpf fernzuhalten. Er tat dies im Unterbewußtsein. Nur wenn es ihm gelang, das Feuer zu löschen, bestand Rettungsmöglichkeit. Er sah die gelbroten, wirbelnden Flammen und beschwor sie förmlich, zu ersticken. Gebannt schaute er dem Wasser entgegen, das in bedrohliche Nähe rückte. Die Höhe betrug höchstens noch hundert Meter. Dennoch blieb ihm nichts anderes übrig, als das Flugzeug weiterhin abrutschen zu lassen. Zwanzig Meter! Der ›Slip‹ mußte beendet werden. Er legte die Maschine gerade. Die Flammen erloschen. Der Backbordmotor lief ruhig. Der Fahrtwind blies mit unerträglicher Stärke in die Kabine. Sollte er die Drehzahl des gesunden Motors erhöhen? Der Angreifer hatte ihn offensichtlich aus den Augen verloren. War dies der einbrechenden Dunkelheit zu verdanken?

Robert Schroeder fühlte sich herausgefordert. Wir müssen davonkommen, beschwor er sich. Meter um Meter werde ich die Maschine steigen lassen, ohne die Drehzahl zu erhöhen. »Doktor?«

Der Meteorologe reagierte nicht.

Robert Schroeder sprach ihn kein zweites Mal an. Das

plötzliche Zusammensacken des Wissenschaftlers, der nur noch durch die Anschnallgurte auf seinem Sitz gehalten wurde, hatte ihn schon das Schlimmste befürchten lassen. Er hatte aber noch nicht registriert, daß Alois Brandner und Jens Lüdeke seit dem Beschluß nichts mehr gesagt hatten. »Alois!« rief er. »Jens! Was ist mit euch?«
»Uns – hat's – erwischt«, hörte er eine dünne Stimme sagen.
»Sind Sie es, Alois?«
»Ja.«
»Sind Sie verletzt?«
»Ich . . . Frequenz – Bergen – Norwegen – A/N.«
»Verstehe. Bergen ist eingeschaltet. Ich soll im A/N-Verfahren anfliegen. Aber was ist mit Ihnen?«
Der Funker schien nach Luft zu ringen.
»Sind Sie getroffen?«
Alois Brandner gab sich alle Mühe zu sprechen. »Jens – hat – Pumpen – umgeschaltet. Auf Backbord.«
»Sie müssen sich schonen, Alois. Ich habe alles verstanden. Die Benzinpumpen versorgen den laufenden Motor. Wir kommen somit nicht in Schwierigkeit. Fünfzig Meter Höhe haben wir bereits gewonnen. Ich bringe euch so schnell wie möglich nach Bergen, darauf könnt ihr euch verlassen. Trotz Motorausfall machen wir zweihundertachtzig km/h. Bis Bergen dürften es siebenhundert Kilometer sein. Spätestens in drei Stunden seid ihr im Hospital.«
Robert Schroeder redete und redete, um sich von der Angst zu befreien, die ihn überfallen hatte. Im Geiste sah er plötzlich seine Frau vor sich. Warum hatte er nicht schon früher an sie gedacht? In seiner Lage konnte wohl niemand normal denken. Er saß in einem halbzerschossenen Flugzeug. Der Tod war an Bord gekommen.
Was hatte Carla in Nürnberg gesagt? ›Den dir mühsam errungenen Himmel hast du längst verloren.‹ Wahrhaftig, der Sinn des Fliegens war dahin. Aus Flugzeugen waren Vernichtungswerkzeuge geworden.
Entsetzen und Grauen packten ihn. Aufgewühlt und ver-

krampft flog er durch die Nacht. Mit jeder Minute schwand ein Teil seiner Hoffnung. Alois Brandner und Jens Lüdeke, mit denen er viele kritische Situationen gemeistert hatte, mußten gerettet werden! Die Vorstellung, daß sie ihr Leben verlieren sollten, weil er mit ihnen den Versuch gemacht hatte, drei in Not geratenen Kameraden beizustehen, erhöhte seine Verwirrung und steigerte seine Auflehnung. Immer wieder rief er ihre Namen. Sie meldeten sich nicht. Es war, als schlüge ihm der Wind, der durch die zerfetzten Scheiben pfiff, jeden Laut vom Mund. Apathie erfaßte ihn. Dann wieder bäumte er sich auf. Er brachte die Maschine auf zweitausend Meter Höhe. Neuer Mut und neue Kraft überkamen ihn. Auf ihn kam es jetzt an, auf ihn ganz allein.

Nach zwei Stunden und fünfzig Minuten, die ihm wie eine Ewigkeit erschienen, wußte Robert Schroeder, daß er sich über dem Funkfeuer der Stadt Bergen befand. Die Hilfestellung aber, die er nun dringend benötigte, wurde ihm nicht zuteil. Die Platzrandbeleuchtung, ohne die er nicht landen konnte, wurde nicht eingeschaltet. Und das, obwohl er den Sender, wie ihm schnell aufeinanderfolgende Peilsprünge eindeutig zeigten, immer wieder umflog. Man mußte ihn hören! Nur einen Grund konnte es dafür geben, daß die Lichter nicht eingeschaltet wurden: gegnerische Maschinen waren im Anflug.

Wut packte ihn. Der Meteorologe neben ihm war tot. Sollten Alois Brandner und Jens Lüdeke ihm folgen? Verbluteten sie womöglich? Er mußte sie retten. Aber wie? Wohin konnte er sich wenden, ohne über ein Funkfeuer zu verfügen? Wie lange reichte das Benzin? Sollte er versuchen, nach Dänemark zu gelangen? Dort gab es einen Notlandehafen, der rundum ohne Hindernisse war und über eine leuchtstarke Platzumrandung verfügte, die nie ausgeschaltet wurde. Freund und Feind stand dieser Platz zur Verfügung. Auf anfliegende Maschinen wurde nicht geschossen.

Er vergegenwärtigte sich den Verlauf der norwegischen Küste. Wenn er eine Stunde Kurs Süd steuerte und an-

schließend nach Osten flog, mußte irgendwann Dänemark unter ihm liegen. Es war ein Vabanquespiel, aber das Wetter war gut, und mit etwas Glück bot sich ihm durchaus die Möglichkeit, aus zweitausend Meter Höhe die Lichter des Notlandehafens zu entdecken. Wenn nicht . . .
Nicht denken! Fliegen! Die Tragfläche mit dem laufenden Motor leicht schräg halten, damit die Kurssteuerung nicht ruckt.
Was sollte er Carla sagen, wenn Alois Brandner und Jens Lüdeke . . .?
Fort mit den Gedanken. Sich auf das Ziel konzentrieren. Südkurs halten. Dann nach Osten abdrehen.
Seine Nerven fingen an zu rebellieren. Über fünf Stunden flog er bereits mit nur einem Motor über See.
Dann aber kam der Augenblick, wo er vermutete, sich über Norddänemark zu befinden. Systematisch mußte er nun seine Kreise ziehen und nach roten Lichtern Ausschau halten. Das Glück war auf seiner Seite. Schon nach relativ kurzer Zeit entdeckte er am Horizont einen Kranz von roten Lampen. Sein Herz klopfte schneller. War die Hydraulik des Flugzeuges noch in Ordnung?
Er umkreiste den Platz und sah, daß eine Magnesium-Rauchpatrone entzündet wurde, um ihm die Windrichtung anzuzeigen. Das Gefühl, daß etwas unternommen wurde, um ihm zu helfen, überwältigte ihn. Er war nicht mehr allein.
Versuchsweise betätigte er die Landeklappe. Es rührte sich nichts. Die Hydraulik war ausgefallen. Er mußte also mit hoher Geschwindigkeit ohne Fahrwerk landen. Brandgefahr war gegeben. Ihm blieb nichts anderes übrig, als den Motor im Anschweben auszuschalten.
Den Backbordmotor auf normalen Touren laufen lassend, zog er sich an die Platzumrandung heran, schaltete dort blitzschnell die Zündung aus und ließ das Flugzeug mit etwa 230 km/h dicht über den Boden dahinjagen, bis ein scharfes Schleifgeräusch hörbar und eine erste Bremswirkung spürbar wurde. In diesem Moment betätigte er den

Hebel für das Kabinendach. Es gab einen Knall. Ein unheimlicher Luftwirbel riß alles, was nicht niet- und nagelfest war, aus der Kabine. Der Rumpf schabte die Erde auf. Die Geschwindigkeit nahm jäh ab. Robert Schroeder wurde nach vorne gezerrt. Die Gurte schnitten ihm in die Schultern. Das Flugzeug kam zum Stillstand. Sand wirbelte hoch. Er schlug auf den Schnellöffner der Gurte, war aber nicht in der Lage, sich vom Fleck zu rühren.

Ein Wagen raste heran und hielt unmittelbar neben dem Flugzeug.

»Alles in Ordnung?« rief eine Stimme.

Robert Schroeder hätte schreien mögen. Die Frage brachte ihn in die Gegenwart zurück. Er hob den Meteorologen vom Sitz und legte ihn auf die Tragfläche, um in den hinteren Teil der Maschine gelangen zu können.

Ein Scheinwerfer wurde auf das Flugzeug gerichtet.

Er schaute auf den Boden der Kabine und erkannte, daß er nur sich selbst gerettet hatte.

Hinrich Matthiesen

Ich gehöre zum Geburtsjahrgang 1928 und war im Frühjahr 1945 an der Ostfront. Die in dieser Kurzgeschichte geschilderte Angst ist die Angst der sechzehn- und siebzehnjährigen Frontkämpfer, die im Grunde noch Schüler sind und keine Soldaten.

Der Sanka und die Ju

Man hätte Franz Körber für einen alten Krieger halten können, so wie er dastand im Morgengrauen: leicht vorgebeugt, eingehüllt in den langen Wachmantel, die verschränkten Arme auf den obersten Sandsack gestützt, reglos wie das Monument eines Ausschauenden. Vor allem der Helm machte ihn alt. Aber er war erst siebzehn.

Es war nun vier Wochen her, daß sein Lehrer gesagt hatte, es gebe keine zwingendere Kausalität als die zwischen Geborenwerden und Sterbenmüssen. Variabel daran sei nur der zeitliche Abstand. Der allerdings sei wichtig, denn er sei das Leben.

Franz Körber fielen diese spröden Sätze ein. Er empfand den Sarkasmus, empfand ihn stärker als damals; dachte: Der hat leicht reden, ist gut dran, hat es schon auf ganze siebzig gebracht und ist, wenn ihn morgen in seinem Hamburger Haus eine Bombe erwischt, immer noch gut bedient. Mein Gott, siebzig! Aber ich? Er gähnte, nahm die Hände von der Barriere, reckte die Arme in die Luft. Dabei zitterte er, denn ihn fror. Es war Februar, und seine Wache ging schon in die vierte Stunde. Zwei waren nur vorgesehen, aber sie hatten sich auf vier geeinigt, weil in den letzten acht Tagen über die Hälfte ihres kleinen Trupps getötet oder verletzt worden war.

Ich fühl's, ich komm' hier nicht mehr weg, dachte er. Und er beneidete die anderen. Nicht die Toten, dazu war er viel zu jung, aber die Verletzten, die mit dem Sanka nach hinten gebracht und dann mit der Ju ausgeflogen worden waren. Mein Gott, der Sanka! Franz Körber hatte schon von so manchem Auto geträumt, als kleiner Junge, von sportlichen Cabrios und eleganten Limousinen, aber was er jetzt für das alte, verbeulte Sanitätsauto empfand, überstieg alle Kinderträume. Elfmal in den letzten Tagen war es hier

vorn aufgetaucht. Er hatte mitgezählt. Elfmal. Gestern erst hatte er zugesehen, wie sie den alten Paul Wiczorek hineinschoben, hatte die Schreie des Mannes gehört, sein Stöhnen, und gedacht: Glücklicher Alter, hast es geschafft! Paul Wiczorek war dreiundvierzig, aber hier vorn und vor allem für die Milchbärte gehörte er zu den alten Männern.
Eine ganze Weile noch dachte Franz Körber an den Sanka, und ihn beschäftigte die paradoxe Lackierung des Autos: der Tarnanstrich und mitten hineingepinselt in die verwaschenen Geländefarben das leuchtend weiße Feld mit dem roten Kreuz. Das eine, damit man das Fahrzeug nicht sah; das andere, damit man es sah. Jedenfalls war es elfmal durchgekommen, Hin- und Rückfahrt. Warum sollte es nicht auch die nächsten Male durchkommen?
Er sah auf die Uhr: Eine halbe Stunde noch, dann kommt Lutz Wegener und löst mich ab. Wir werden ein paar Worte wechseln wie ›Müde!‹ und ›Mist!‹ und ›Wie lange wohl noch?‹, Lutz wird sich an die Sandsäcke stellen, und ich werde in die Scheune gehen, mich aufs Stroh werfen, hundemüde, und nicht schlafen können.
Wieder gähnte er, und dann trainierte er seine kalten, steifgewordenen Finger. Ich könnte ja nicht mal richtig durchziehen, dachte er; jedenfalls nicht, wenn es ganz schnell gehen muß, und das muß es meistens. Er sah auf die MP, die neben ihm an der Barriere lehnte, dachte an seine absurde Ausbildung. Sechs Tage mit dem Karabiner 98. Lisas Nähkurs hatte sechs Wochen gedauert. War es wirklich so viel einfacher zu töten, als eine Hose zu flicken? Sechs Tage mit dem Karabiner 98, und als sie begriffen hatten, wie man so ein Ding hält, kriegten sie die MPs, weil zufällig eine Kiste davon am Wegrand liegengeblieben war. Also Umschulung! Ausbildungszeit: sechs Minuten. Der Kapo zeigte ihnen die wichtigsten Handgriffe und sagte: »Macht's gut, Jungs!« Und dann ging er. Aber er kam noch einmal zurück, hatte sich wohl daran erinnert, daß zum Drill auch ein Witz gehört, sagte noch: »Übrigens, was auch ziemlich wichtig ist: den Lauf natürlich nach vorn halten!«

Franz Körber wollte jetzt lieber an sein Mädchen denken. Lisa glaubt sicher, ich geh' gleich zur Schule. Sie weiß nichts von diesem Unsinn hier, hat meine letzten Briefe bestimmt nicht gekriegt. Vielleicht liegt sie wach und denkt an zu Haus, an Hamburg, an ihre Eltern und an mich. Doch plötzlich ließen seine Gedanken Lisa wieder los, gingen über ins Allgemeine: Komisch, ich hab' noch nie was Richtiges mit einer gemacht und soll schon ins Gras beißen! Er wurde traurig, nahm, was ihm entgangen war, für endgültig, so als sei sein Sterben eine ausgemachte Sache. Mit der Trauer kam die Frage, welcher Tod ihn wohl erwarte, und damit war auch die Angst wieder da. Er spürte sie körperlich. Unten. Spürte sie im Geschlecht und wunderte sich über den Platz, den sie sich ausgesucht hatte, ja, eigentlich immer aussuchte, denn da hatte sie auch gesessen, wenn er vom Dreimeterbrett springen mußte oder sich auch nur mal über ein Brückengeländer beugte. Immer da unten. Sie kroch die Lenden hoch, schnürte ihm die Hoden ab und machte sein Glied zu einem kümmerlichen Wurm. So war es auch jetzt. Aber dann fielen ihm die Hunde ein, die vor Angst den Schwanz einziehen, und er hielt seine Reaktion für normal.
Ich weiß es genau, ich komm' hier nicht mehr weg! Wie sollte das laufen? Seit ich hier bin und lange vorher auch schon, geht es zurück. Es ist wie eine Wand, die sich auf uns zuschiebt, in Etappen. Und jedesmal, wenn es wieder ruhig wird, sind wir ein paar Leute weniger und ein paar Kilometer weiter westlich. Wir sind noch neunzehn. Ich kann es mir also ausrechnen. Spätestens in einer Woche bin ich dran.
Mein Gott, was würde ich alles machen, wenn ich durch irgendein Wunder doch noch hier herauskäme! Die Reise mit Vater, die er schon seit Jahren plant. In die Alpen. Vater und Sohn vierzehn Tage in der Sennhütte. Und für Mutter würde ich bestimmt wieder mit dem Klavierunterricht anfangen. Und natürlich würde ich was mit Lisa machen, was Richtiges. Nicht bloß ihre Hand halten im Kino und ih-

re Tasche tragen und Briefe schreiben, sondern das, wovon der Wiczorek dauernd geredet hat.
Weil Franz Körber trotz seiner Angst Hunger hatte, fiel ihm ein, was seine Mutter, als es noch alles gab, auf den Tisch gebracht hatte: Sauerfleisch, Apfelgelee, Griebenschmalz, Streuselkuchen, Rote Grütze, Speckwürfel. Völlig ungeordnet kamen ihm die Speisen seiner Mutter in den Sinn, und bei jeder verweilte er, malte sich aus, wie sie schmeckte, und bekam Leibschmerzen vor Sehnsucht. Und mit der Sehnsucht war auch die Trauer wieder da:
Da müßte doch vorher noch was kommen, irgendwas Großes, Schönes, das es noch nie gab! Es kann doch nicht sein, daß das schon alle Stationen waren, diese schäbige kleine Reihe: Kindheit, Schule, Front, aus. Das geht doch nicht. Da müßte doch noch . . ., wenigstens ein paar Jahre oder auch eins bloß, ein einziges, aber eins mit allem, was noch fehlt. Ich geb' ja zu: Es leuchtet ein, was der alte Oehme immer sagte vom Geborenwerden und Sterbenmüssen, aber so, mit diesem lächerlichen Abstand, kann es doch nicht gemeint sein. Mit nur siebzehn Jahren dazwischen! Das ist doch eine glatte Fehlplanung!
Er stellte sich vor, wie es wäre mit dem Sanka und der Ju: Ein Granatsplitter beim nächsten Gefecht wär' nicht übel. Vielleicht im Fuß. Fünfzig Jahre humpeln, das Bein ein bißchen nachziehen, was heißt das schon, wenn sonst alles dabei ist, der volle Tisch, das Kino, Lisa, ein paar schöne Sachen zum Anziehen, mal 'ne Reise. Sport wohl nicht mehr. Oder doch: Rudern, Segeln. Muß ja nicht grad' Fußball sein.
Es war wie verhext, immer wieder kehrten seine Gedanken zu dem verdreckten, verbeulten Auto zurück, das nun schon elf von ihnen weggeholt hatte. Zuletzt den alten Wiczorek mit seinem Bauchschuß. Natürlich, Bauch ist nicht so gut, ist kompliziert. Aber wenn sie's wieder hinkriegen, braucht er nicht mal zu humpeln. Klar, Bein wäre auf jeden Fall besser. Am besten wär' Oberschenkel, am Knochen

vorbei, mit viel Blut. Blut ist wichtig, macht erst mal Eindruck, und nachher erneuert es sich schnell.
Der Sanka und die Ju.
Seine Sehnsucht gaukelte ihm vor, die beiden seien Menschen und könnten entscheiden und man brauche sich nur gut zu stellen mit ihnen. Mit dem wählerischen Onkel, der sich nicht auf jeden einließ, nur auf die, die was vorzuweisen hatten, was Rotes; aber läppisch durfte es nicht sein. Und mit der lieben Tante, die alles, was der Onkel vorsortiert hatte, willkommen hieß und dann damit ins Paradies flog.
Und wenn . . ., und wenn ich es nun selbst mache?
Er sah auf seine MP und dachte: Vielleicht war die Kiste am Wegrand ein glücklicher Zufall, vielleicht sogar eine Fügung. Mit dem sperrigen Karabiner ginge es nicht; das wäre die reinste Akrobatik. Und außerdem: Aus solcher Nähe geht das Geschoß vom 98 bestimmt durch und reißt, wo's wieder rauskommt, ein Riesenloch. Da ist die MP schon besser. Aber dann überlegte er: Es geht nicht. Kein Gefecht ringsum. Die Batterien noch weit weg und im Moment alles still. Kein Feind in der Nähe. Sie würden es mir nicht glauben, und dann wär's aus mit dem Sanka und der Ju. Dann dürfte ich nicht mal mehr hier stehen. Sie würden mich in den nächsten Baum hängen.
Doch der Gedanke nachzuhelfen, war, einmal erwacht, zäh wie eine Katze, ließ sich nicht unterkriegen. Franz Körber machte die Rechnung. Von den sechsundzwanzig, die's in den letzten Tagen erwischt hatte, waren fünfzehn tot und elf schwer verletzt. Unter den fünfzehn waren zwei, die ohne Gefecht dran glauben mußten. Einer nachts, als er sich eine Zigarette anzündete, der andere frühmorgens im ersten Licht. Beide mit sauberen Treffern ins Herz. Erlegt also in den Pausen. Jeder hier wußte: Sie waren verdammt gut, die kleinen russischen Spähtrupps, die sich lautlos vorarbeiteten, ihren Scharfschützen in Position brachten, einen einzelnen gespenstischen Schuß placierten und sich wieder zurückzogen. Warum sollte ein solcher Schuß nicht

ein paar Zentimeter danebengehen? Im Dämmer, wo alles grau ist? Franz Körber erwog diese Chance: Natürlich kämen, mit den Sandsäcken vor mir, Fuß und Bein nicht mehr in Frage. Wer sollte mir das glauben? Kopf oder Brust müßten es dann schon gern sein. Am besten das Herz. Oder vielmehr: Es muß gemeint gewesen sein, und dann hat die Kugel eben ihr Ziel um drei Zentimeter verfehlt. Nur so. Sehr drastisch und darum sehr glaubwürdig. Und dann der Sanka. Und dann die Ju.

Franz Körber gähnte zum drittenmal an diesem Morgen, und er dachte, daß er, selbst wenn er bliebe, einen ganz miesen Krieger abgeben würde: müde zum Umfallen, und das nur, weil er in den Pausen vor Angst nicht schlafen konnte. Dabei gehörte auch der Schlaf zur soldatischen Pflicht, hatte der Kapo gesagt.

Er sah wieder auf die Uhr: eine Viertelstunde noch. Wenn, dann müßte ich es jetzt tun, innerhalb der nächsten Minuten. Danach wäre ich erst mittags wieder dran, und dann laufen immer ein paar um die Scheune herum, kommen auch mal nach vorn. Vor allem der Kapo. Er kontrolliert die Posten. Bei so vielen Augen in der Nähe kann ich nicht einfach die MP aufnehmen, sie mir gegen die Brust halten und dann erst mal nach der richtigen Stelle suchen. Es müßte jetzt sein, wo niemand da ist.

Und die anderen? Darf ich sie im Stich lassen? Das müßte eigentlich in Ordnung gehen, denn überall, wohin wir kommen, hängen schon die Bettlaken aus den Fenstern, weil alle Angst haben. Und neulich sind zehn Mann abgehauen, auch Offiziere dabei. Ich darf es also. Wenn ich bliebe, erginge es den achtzehn um keinen Deut besser.

Noch zehn Minuten. Acht wohl nur noch; Lutz ist überpünktlich. Es kommt auf Zentimeter an, denn ich darf natürlich nicht gleich total wegtreten, brauche noch 'ne Sekunde, muß noch die MP wieder zurechtrücken, sonst nützt der schönste Blutfleck nichts. Die Stelle muß wirklich verdammt gut ausgetüftelt sein. Ich darf nicht zu dicht ran ans Herz. Sonst wird's statt des Sankas die Grube, in der die von gestern liegen. Und zu weit daneben ist auch nicht gut. Sonst sagt der Kapo: Das kriegen wir auch hier vorn wieder zurecht. Also.

Aber Franz Körber zögerte noch. Man setzt sich, wenn man siebzehn ist, nicht so ohne weiteres die MP auf die Brust und drückt ab. Es war grotesk! Wie ein Gift steckte die Angst in ihm, und wegen der Angst wollte er schießen, und nun hatte er Angst vor dem Schuß. Über zwei, drei Minuten hin war nicht klar, welche Angst überwog. Endlich, er hatte nun wirklich nicht mehr viel Zeit, nahm er die MP, stellte den Hebel auf ›Einzelfeuer‹, legte die Waffe auf die Barriere, den Kolben gegen den Feind gerichtet, klemmte das Magazin zwischen zwei Sandsäcke, das gab guten Halt, postierte sich vor dem Lauf, feilschte um die Zentimeter, sagte sich: Spätestens im Sanka geht's wieder bergauf! Er führte den Daumen an den Abzugsbügel, schloß nicht die Augen, aber das war nicht Tapferkeit, war wiederum Angst, war die Angst, sich ohne genaues Hinsehen vielleicht doch um die entscheidende Fingerbreite zu vertun. Er biß sich auf die Unterlipppe, schob den Daumen nach vorn.

Der Schuß bellte durch den Morgen. Franz Körber sackte zusammen, hatte aber noch die Kraft, die MP mit sich zu ziehen. Sie fiel auf die Erde, lag parallel zur Barriere, was keine Schlüsse zuließ. Erst als er die Waffe zu seinen Füßen sah, brach er vollends zusammen, kippte vornüber, stieß mit dem Helm gegen die Säcke, lag schließlich, etwas verkrümmt, auf seiner MP, so daß es aussah, als habe er im letzten Moment nach ihr greifen wollen.

Die holperige Fahrt im Sanka erlebte er nicht, so tief war seine Bewußtlosigkeit, und bis er im Feldlazarett auf den Tisch kam, hatte er viel Blut verloren. Die Operation dauerte fast eine Stunde. Der Mann mit dem Messer, der den anderen, den mit der Sense, überlistet hatte, sah sehr lange in das Kindergesicht, bevor er weitere Weisungen gab und vom Tisch wegtrat. Niemand bemerkte, daß er die Kugel nicht in den Behälter legte, der schon halb voll war von

dem Eisen, das er in den letzten Tagen aus ungezählten Leibern herausgeschnitten hatte. Er nahm sie mit nach draußen und verscharrte sie im Sand.
Als Franz Körber einige Tage später in die Ju verladen wurde, stand der Arzt neben der Luke und gab acht, daß die Männer die Trage vorsichtig hineinschoben. Franz Körber sah ihn lächeln und lächelte zurück und ahnte doch nichts. Später, kurz vor der Landung, hatte er eine religiöse Minute, dachte: Der liebe Gott hat mir die Hand geführt, da vorn an den Sandsäcken. Und er wußte nicht, daß der liebe Gott noch viel mehr für ihn getan hatte.

Josef Reding

»Ich habe nicht gelogen, weil ich gar keine Zeit zum Lügen hatte. Ich hatte nur Angst, diesen Krieg überlebt zu haben und dann diese ersten Tage Frieden nicht überleben zu dürfen . . .«

Unser Hund Loulou

Mit dem Fingerknöchel klopfe ich auf das Schutzblech. Rost fällt in hauchdünnen Blättern herunter. Mit der Fußspitze zeige ich auf fehlende Speichen im Hinterrad. Bei einer Proberunde im Hof des Bauern klickt das Pedal gegen den Fahrradrahmen.
»Na ja«, sagt der Bauer.
Ich hebe das Rad an und lasse die vordere Felge vor seinen Augen rotieren, daß er das Eiern nicht übersehen kann.
Der Bauer zuckt mit den Schultern. »Wahr ist's«, sagt er. »Das Radel hat schon bessre Tage gesehn.«
»Fünf Päckchen Tabak, Rheinkrone«, sage ich.
»Hast eins zum Notappe?« fragt der Bauer.
Ich errate, daß der Mann mit »Notappe« so etwas wie Anfassen, in die Hand nehmen meint.
»Ja«, sage ich und binde das rechte Skihosenbein über dem Fußknöchel auf. Zwischen Socken und Hose liegen vier Päckchen Tabak. Im anderen Hosenbein auch. Vor drei Tagen, als das Verpflegungslager freigegeben wurde, waren es noch zehn Päckchen. Zwei habe ich zum Umtauschen meiner Uniform gegen eine alte Cordjacke, ein brüchiges Seidentuch und ein Schmalzbrot gebraucht.
Ich gebe dem Bauern das dunkelrote Tabakpäckchen mit der schwarzen Königskrone. Er preßt das Päckchen wie einen Schwamm. Dann schnuppert er an der Banderole.
»Machs Packerl auf«, sagt er. »Wenn's goar ist, kannst dös Radel haben. Um fünf Packerln.«
Ich öffne das Päckchen. Der Bauer drückt seine Nase in den Krüll. Er nickt. »Ist goar!« sagt er.
Ich nestele vier weitere Tabakpäckchen aus den pludrigen Beinen der Skihose. Der Bauer schiebt mir das Fahrrad zu. Ich klemme meinen schlappen Rucksack auf den Gepäckträger und strample los.

Es tut gut, etwas unter dem Hintern zu haben, das einem gehört. Das Fahrrad – quietschend und klapprig wie es ist – gibt mir das Gefühl von Kraft. Vielleicht, weil es mein wohlerworbenes Eigentum ist, eine Seltenheit in diesen Tagen des »Organisierens«, des Plünderns, des Mitgehenlassens. Vielleicht auch, weil ich spüre, wie meine Muskelkraft sich vervielfacht und in Geschwindigkeit umsetzt; in den letzten Monaten bin ich nur marschiert, getrottet, gelaufen.

»Komm guet hoam!« ruft der Bauer mir nach. Das »hoam« klingt angenehm. Nach Dach überm Kopf. Nach Pfeiferauchen vorm Haus. Schließlich habe ich noch vier Päckchen Tabak . . .

Aber das Dach zu Hause ist schon seit zwei Jahren von einer Luftmine abgedeckt. Die Türen sind herausgedrückt. Die Wände haben handbreite Risse. Mutter hat ein paar Möbelstücke in den Keller geschleppt. Dort haust sie und wartet auf Vater und auf mich. Wenn ich Mutter und Vater in unserer zerschlagenen Stadt treffen sollte, einigermaßen gesund, dann wäre das unbegreiflich viel »hoam«.

Ich wippe auf dem Fahrradsattel. Ich bin sechzehn Jahre alt, und der Krieg ist zu Ende. Ich genieße den Fahrtwind; das Fahrrad saust die Straße hinunter, so schnell, daß ich für Sekunden die Hand von der Lenkstange nehme und »Jippih!« rufe. Ich mache es den Amerikanern nach, dieses Jippih. Sie begrüßen sich damit, wenn sie im entgegenkommenden Jeep einen Bekannten hocken sehen. Jippih klingt ganz anders als Heil Hitler. Jippih klingt nach Freiheit, nach Weite, nach sorglos trabenden Mustangs.

Die Talsohle mit dem Bach ist erreicht. Das Fahrrad rumpelt über eine bogige Brücke aus aneinandergebundenen Rundhölzern. Ich stemme mich in die Pedalen. Jetzt, wo's bergauf geht, macht mir die Maisonne zu schaffen. Ich bin froh, daß der Weg bald durch einen Wald führt.

Zwischen den Bäumen sieht man manchmal einen Stapel Granaten, umgestürzte Autos, von denen ein Teil der Tarnfarben heruntergebrannt ist, weggeworfene Karabiner

und Panzerfäuste. Ab und zu eine Strohschütte, eine zerrissene Zeltbahn. Der Wald war das letzte Versteck der Versprengten, der Fliehenden.
Der Weg wird so steil, daß ich absteigen muß. Ich schiebe das Fahrrad über Baumwurzeln, die quer zum Weg gewachsen sind. Einen leeren Kübelwagen umgehe ich. In der Wanne des Amphibienfahrzeugs sind Blutspritzer. Ich schiebe das Fahrrad schneller, obgleich es noch immer bergauf geht.
Dann höre ich die Stimmen. Ich sehe noch nichts, wie aufmerksam ich auch nach vorn, nach oben spähe, wo der Sandweg sich zwischen den Baumkronen am Hang verliert. Es sind Männerstimmen. Unternehmungslustige Männerstimmen. Dazwischen das kurze, amüsierte Kreischen einer Frau, wie ein Ausrufezeichen.
Ich bleibe stehen. Ein mechanischer Griff zum Gepäckträger, ob der Rucksack noch da ist.
Die Stimmen bringen Leben in diesen verlassenen Wald mit dem liegengebliebenen Kriegsgerät. Aber die Stimmen sind zu laut, zu forsch für die Geschlagenen. Die Schreier des Regimes von gestern haben sich in Löcher verkrochen, halten den Atem an. Und auch wer glücklich ist, daß die Schreier von gestern verstummt sind, hat kaum Grund, durch Lärm auf sich aufmerksam zu machen.
Jetzt sehe ich die Menschen, denen die Stimmen gehören. Die ersten sind Männer mit Maschinenpistolen. Dahinter kommen ein paar mit Messern und Knüppeln. Und zum Schluß eine Frau, die einen Korb mit Flaschen am Arm trägt. Manchmal geht einer der Männer zum Korb und trinkt einen Schluck. Dann lacht die Frau schrill.
Die Männer haben kleine bunte Stofflappen auf den Brusttaschen ihrer Jacken und Uniformblusen: die Fahnen ihrer Heimatländer. Ich ahne, wo die Männer gearbeitet haben: in deutschen Rüstungsbetrieben. Man hat sie zu Hause zwangsausgehoben und als Fremdarbeiter in deutsche Fabriken und Baracken gesteckt. Man hat sie gequält, und

schon bei winzigen Mängeln in der Produktion hat man sie der Sabotage verdächtigt und angeklagt.
Jetzt sind die Männer auf der Suche nach ihren Peinigern. Und als Peiniger von früher kommt jeder in Frage, der Deutscher ist.
Das Fahrrad, das mich vorhin noch gestärkt hat, wird jetzt für mich zu einem verwünschten Ballast. Ich lasse das Rad umfallen, von mir weg, als habe es nichts mit mir zu tun. Wenn die Männer das Fahrrad haben wollen? Sie sollen es sich nehmen. Es liegt herum.
Als ich jedoch die Augen der Männer sehe, weiß ich, daß es mit dem Fahrrad nicht getan ist. Die Augen mustern mich, schätzen mich ein. Die Männer mit den Maschinenpistolen bleiben stehen. Die Männer mit den Knüppeln und Messern kommen einige Schritte weiter auf mich zu, umringen mich.
Die Frau im Hintergrund kreischt wieder. Ich komme aus diesem Wald nicht mehr hinaus, das weiß ich. Nicht mehr als Gesunder. Nicht mehr als Lebender. Wahrscheinlich. Bestimmt.
Da fragt einer der Männer mit der Maschinenpistole aus der zweiten Reihe beiläufig: »Du Deutsch?«
Ich kann nicht zögern. Ich habe zuviel Angst, um auch nur einen Herzschlag lang zögern zu können. Mit seiner Frage hat der Mann mir einen Ausweg signalisiert. Ich sage sofort: »Non!«
Aber ich weiß, daß ich es nicht bei diesem Wort belassen darf. Ich muß in der fremden Sprache weiterreden, muß protestieren. Ich ringe nach Worten. Ich spreche französisch, in der Hoffnung, daß keiner der Männer französisch versteht. Ich sage: »Non, je suis un français!« Und jetzt muß es weitergehen, und ich brauche nicht nachzudenken. Satz um Satz schleudre ich den Männern meine Empörung darüber entgegen, daß sie mich für einen Angehörigen des Peiniger-Volks halten können: »Non, nous avons un petit chien blanc! Qu'il est joli. Son nom est Loulou. Pendant la nuit il garde notre maison. Nous lui donnons un peu de lait.

Il lape le lait avec sa langue rose! Non, je suis un français! Un français! Compris?«

Die Männer sind erschrocken. Die Handfeuerwaffen, Messer und Knüppel werden gesenkt. Die Frau bahnt sich einen Weg durch die Männer, bietet mir aus ihrem Flaschenkorb an. Ich sage: »Non, non, non!«

Der Mann, der mich gefragt hat, kommt auf mich zu, hält mir friedfertig die freie Hand entgegen und sagt: »Franzos gut!«

Die anderen rufen jetzt ähnliches: »Franzos dobre! De Gaulle dobre!«

Einer der Männer hebt mein Fahrrad auf, lehnt es mit dem Sattel an meine Hüfte.

»Franzos gut!« sagt der Mann mit der Maschinenpistole noch einmal. Er sucht nach einem Abschiedswort in Französisch. Findet nichts. Sagt auf deutsch: »Komm heim, gut Wiedersehn!«

Ich gehe. Gehe mit dem Fahrrad weiter. Kann mich nicht umdrehn. Begreife noch immer nicht, was eigentlich geschehen ist. Gehe. Gehe.

Jetzt habe ich die Kuppe des Waldhügels erreicht. Steige aufs Rad. Fahre den holprigen Weg hinunter.

Und jetzt setzt das Denken wieder ein. Was habe ich da heruntergehaspelt? Ein Stück aus meinen Französischbuch. Das Stück von unserem hübschen Hund Loulou. Der nachts unser Haus bewacht. Dem wir ein wenig Milch geben. Und der die Milch mit seiner rosigen Zunge aufleckt.

Ein Stück, das uns Vati Kreutz, unser Französischlehrer, auswendig lernen ließ. Es gibt kein Stück aus dem Französischbuch, das er nicht auswendig lernen ließ. Ich habe vorhin französisch gesprochen. Ich war Franzose. Ich habe nicht gelogen, weil ich gar keine Zeit zum Lügen hatte. Ich hatte nur Angst, diesen Krieg überlebt zu haben und dann diese ersten Tage Frieden nicht überleben zu dürfen.

Nous avons un petit chien blanc. Qu'il est joli. Son nom est Loulou!

Mensch, Loulou!

Henry Jaeger

Der Autor hatte sein prägendes Todesangst-Erlebnis am 24. März 1945, als er – damals als Bataillons-Melder eingesetzt – bei Wesel ins Trommelfeuer amerikanischer Invasionstruppen geriet. Zehn Stunden mußte er eingeklemmt in einem Ein-Mann-Loch verbringen. Detonationen, ununterbrochen ringsum, begannen seine »Seele zu zerhacken«, ließen ihn zum Nervenbündel werden. In der nachfolgenden Geschichte versucht er, die Ängste derer auszuloten, die – zur Rechenschaft gezogen – für die Ereignisse der damaligen Zeit mitverantwortlich waren.

Die Henker

Sie hörten den Lastwagen in den Hof fahren. Seine Ladung polterte von der Pritsche. Es war Holz: Balken und Bretter. Ein paar Kommandos schallten herauf.
Von dieser Stunde an lauschten sie auf jeden Hammerschlag der Zimmerleute. Manchmal ging einer der Männer zum Zellenfenster, zog sich an den Gitterstäben hoch und spähte durch die Blenden. Zuerst war es ein Gerüst, mit einer Treppe, wie eine Rednertribüne. Dann wuchsen rechts und links zwei vierkantige Pfosten hoch, die einen Querbalken trugen.
Anderthalb Tage bauten die Zimmerleute. Dann wurde es wieder still im Hof. Das Gerüst war abgedeckt mit einer grauen Plane. Mit dieser Verkleidung sah es aus wie ein ungeschickt errichtetes Zelt. Sie hatten von Anfang an gewußt, was da für sie aufgebaut wurde: der Galgen.
Sie waren zu fünft. Die Zelle war nicht groß, aber sie enthielt alles, was Männer brauchen, die nicht mehr lange zu leben haben. Eiserne Betten standen an den Wänden und ließen in der Mitte des Raumes gerade Platz für einen klobigen Tisch und einige Hocker.
Auf einem Wandbrett standen Waschschüsseln, und aus den Trinkbechern daneben ragten aufrechtstehende Zahnbürsten, früher das Eigentum von Menschen, die nun nicht mehr lebten. Die Männer hatten sie in der Zelle vorgefunden und benutzten sie. Sie wuschen und rasierten sich regelmäßig. Sie waren zivilisierte Menschen und legten Wert darauf, mit geputzten Zähnen zu sterben.
Die Zelle lag im Halbdunkel des dämmernden Novembertages. Sie waren Verurteilte, die auf den noch nicht festgesetzten Tag warteten, an dem sie gehenkt würden.
Nur einer von ihnen kannte bereits seinen Tag.
Sie hockten in dem dumpfen Schweigen und sahen anein-

ander vorbei. Manchmal jedoch huschten ihre Augen kurz über den einen, der seit Stunden reglos auf seinem Bett lag und gegen die Decke starrte. Morgen früh, dachten sie dann. Sie dachten es ohne Mitleid. Ihre Gedanken kreisten um die eigene Person. An dem, was in den frühen Morgenstunden einem von ihnen geschehen würde, fürchteten sie nur das kommende eigene Schicksal. Morgen würden sie nur noch zu viert sein.

Morgen früh, dachte er immer wieder, der eine, der seit Stunden reglos auf seinem Bett lag.

Sein Richter hatte von ihm gesagt, er sei einer jener Männer gewesen, die überall, wo sie während des Krieges aufgetaucht waren, eine blutige Spur hinterlassen hatten. In mehr als tausend Fällen war er des Mordes für schuldig befunden worden.

Er war vierzig Jahre alt, aber das war ihm nicht anzusehen. Nichts war ihm anzusehen, weder sein Alter noch die Zahl seiner Opfer. Die einzige Besonderheit an ihm, die jeder sehen konnte, war die krankhaft blasse Farbe seines Gesichts. Morgen würde er, der Henker, sterben, aber noch nach vielen Jahren würde es Menschen geben, die sich schaudernd seines Namens erinnerten. Die anderen vier waren harmloser. Sie hatten jeder nur ein paar Dutzend Menschen erschlagen, erstochen, gehenkt, erschossen.

Es war still in der Zelle, und es war still draußen vor dem Fenster, wo die letzten Blätter der Bäume zu Boden sanken.

Einmal richtete sich der Blasse auf, sah von einem zum anderen und rief: »Verdammter Mist!« Er war wütend auf das, was er die allmächtige Dummheit des Schicksals nannte, die ihm nicht gegönnt hatte durchzuschlüpfen.

Der Ruf weckte kein Echo bei seinen Mitgefangenen. Sie schwiegen. Es war nie viel gesprochen worden in der Zelle. Sie haßten einander, denn jeder sah im anderen die eigene Vergangenheit. Sie haßten diese Vergangenheit mit einem dumpfen, vorwurfsvollen Rachegefühl. Schweigend und mißtrauisch hatten sie sich umschlichen, solange sie nebeneinander in der Zelle lebten. Ein paarmal war es zu Auseinandersetzungen zwischen ihnen gekommen. Mit überschnappenden Stimmen hatten sie sich aus geringen Anlässen mit Anschuldigungen und Schimpfworten überschüttet. Sie hatten geschrien und getobt, die Fäuste gegeneinander geballt, aber sie hatten nicht zugeschlagen. Keiner von ihnen hatte je einen Mann geschlagen, der sich wehren konnte.

Sie waren keine Kämpfer. Sie verstanden etwas von der Technik des Meuchelns. Sie hatten gelacht, wenn Mütter um ihre Kinder schrien. Sie hatten gelacht, wenn ein Mann mit dem Hals an einem Strick hing und das Leben grotesk in seinen Gliedern nachzuckte. Gekämpft hatten sie nie.

Unter den Blicken der fremden Offiziere, die dann und wann ihre Zelle kontrollierten, hatten sie jedesmal unterwürfig Haltung angenommen. Einer der Gefangenen, der die fremde Sprache verstand, hatte gehört: »Die Feiglinge frieren bis ins Mark beim Gedanken an den Strick . . .«

Am späten Nachmittag, als es fast völlig dunkel in der Zelle geworden war, wurde von draußen plötzlich das Licht eingeschaltet, und ein Mann, den sie alle kannten, betrat den Raum. Er trug Uniform und am Koppel eine Pistole. Eine schwarze Aktentasche hielt er in der Hand. Stumm sahen ihn die Gefangenen an.

»Ich denke, du weißt, wer ich bin?« sagte er zu dem Blassen.

Er zog einen Hocker herbei und setzte sich neben das Bett. Er war vierzig Jahre alt, aber das war ihm nicht anzusehen. Nichts war ihm anzusehen, weder sein Alter noch Beruf.

Der Blasse hatte sich aufgesetzt und fuhr sich mit einer nervösen Handbewegung durchs Haar.

»Der Henker . . .«, sagte er.

Der Mann in Uniform griff nach seiner Aktentasche und erwiderte: »Wir sagen dazu Scharfrichter . . . Ich bin gekommen, um eine Zigarre mit dir zu rauchen. Wenn du willst, können wir auch ein Glas Schnaps miteinander trinken . . . Das ist bei uns der Brauch . . .«

Aus der Tasche holte er eine Kiste Zigarren, eine Flasche Schnaps und zwei kleine Gläser.
Sie tranken sich schweigend zu. Dann zündete sich jeder eine Zigarre an. Die vier, deren Zeit noch nicht gekommen war, hatten sich auf ihre Betten zurückgezogen und sahen scheu herüber. Die Gläser wurden mehrmals geleert.
Der Scharfrichter begann ein Gespräch. Er sprach vom Wetter, von der vergangenen Getreideernte, von Großstädten, die sie beide kannten. Er sprach vom Krieg, seinen Folgen und vom Haß in der Welt. Er empfinde gegen niemanden Haß.
Er schwieg und sagte dann: »Du trägst mir nichts nach?«
Der Blasse gab keine Antwort. Er hatte nur dann und wann genickt. Der Scharfrichter begann, über seinen Beruf zu sprechen. Sein Gesicht nahm einen melancholischen Ausdruck an. Er werde von den Menschen gemieden, sagte er. Aber einer müsse es doch tun.
»Nicht wahr? Wenn der Staat diese Strafe vorsieht, muß es doch einen geben, der das macht . . .«
Schwerfällig begannen die Gedanken des Verurteilten zu mahlen. Er starrte den Uniformierten an, und ganz allmählich begriff er: der andere bat im voraus um Vergebung für das, was er morgen tun würde. Er war verblüfft.
Morgen früh würde er von ihm mit einer präzise funktionierenden Apparatur getötet werden. Jetzt bat der Henker den Henker um Vergebung.
Glaubte der etwa an eine höhere Instanz?
Dieser Gedanke machte den Gefangenen überheblich. Er begann zu denken, daß er ein besserer, härterer Henker gewesen sei als dieser da. Sie tranken sich zu. Der Gefangene spürte die lösende Wirkung des Alkohols. Seine Furcht war wie weggeschwemmt. Er fühlte sich erheitert.
Er lachte, sah die ängstliche Neugier in den Gesichtern seiner Zellengenossen. Er hielt es für einen prächtigen Witz, als er plötzlich laut und herausfordernd rief: »Sterben ist der schönste Tod!«
Dann lachte er wieder und genoß die Angst der anderen.

»Was glotzt ihr?« rief er, und die Angeredeten wandten die Augen ab. Der Scharfrichter redete. Der Verurteilte hörte ihn wie von weitem: »Du trägst mir nichts nach . . . Es ist bei uns der Brauch . . .«
»Quatsch!« rief der Blasse. »Ich trage dir nichts nach!«
Die Wache kam herein: zwei Männer, die vor der Tür gewartet hatten. Sie mahnten zum Aufbruch.
»Noch eine Viertelstunde«, sagte der Scharfrichter und schenkte die Gläser voll. »Der Tod dauert kaum eine Sekunde«, sagte er. »Tatsächlich ist es nicht so schlimm wie Zahnziehen . . .«
Sie tranken sich zu.
»Wie viele sind es morgen?« fragte der Blasse.
»Vier, du bist der vierte.«
Als weitere zwanzig Minuten herum waren, gaben sie sich die Hand. »Auf morgen . . .«, sagte der Blasse.
»Auf morgen . . .«, erwiderte der Scharfrichter und legte zwei Zigarren auf den Hocker.
Dann ging er. Er schwankte ein wenig beim Hinausgehen. Er hatte schon vorher mit drei anderen getrunken. Die Männer, deren Zeit noch nicht gekommen war, sahen ihm nach mit starren Augen.

Manfred Hausin

Es begann während einer Tramptour von Hamburg nach Frankfurt. Im Radio hörte ich die Warnung vor einem Geisterfahrer . . .

Tramper in Deutschland

1

So schnell hatte er die Strecke noch nie geschafft. Von Hamburg bis zum Rasthof Brunautal gute 40 Minuten. Schade, daß es ein so kurzer Lift war, weil der Fahrer in der Lüneburger Heide zu tun hatte. Bei Fallingbostel oder so.

Dann werde ich erst mal in Ruhe Kaffee trinken, bevor ich weitertrampe, sagte Micki. Er bedankte sich bei dem Fahrer, nahm seine Tasche und ging die paar Meter zu Fuß.

Die Raststätte war überfüllt. Skandinavier, die Ferien hatten und in Richtung Süden wollten. Micki holte sich einen Becher und balancierte vorsichtig auf den einzigen Tisch zu, an dem noch Platz war.

Frei, sagte er überflüssigerweise und setzte sich einfach, da er ohnehin keine Antwort erhielt. Ein junger Mann saß ihm gegenüber, die Ellbogen auf dem Tisch, das Gesicht in den Händen, vor sich ein paar leere Schnapsgläser.

Micki nahm ein paar Schlucke von dem Plastikkaffee und sah sich seinen Tischgenossen näher an. Offensichtlich auch ein Tramper. Wer so oft unterwegs war wie er, bekam einen Blick dafür. Aber was war mit dem los? So, wie der an der Tischkante hing, machte er einen völlig verstörten Eindruck.

Ich will Richtung Frankfurt, sagte Micki. Und du?

Der Tramper hob den Kopf.

Micki hatte noch nie so einen Typ gesehen.

Das Gesicht, unheimlich alt, bleich und eingefallen. Die Augen glanzlos, wie bei manchen, die alles hinter sich haben und ohne Zukunft sind. Und ein Mund, dem es sinnlos erschien zu reden, weil ihm doch niemand glauben würde.

Diesen da, fragte der Tramper müde und hob den Daumen.
Micki nickte. Komm doch mit, zu zweit ist es nicht so langweilig.
Ich trampe nicht, sagte der Tramper und schüttelte abwehrend den Kopf.
Micki schien es, als zucke er am ganzen Körper.
Willst du denn nicht in diese Richtung, fragte er.
Doch.
Hat's was mit mir zu tun, rätselte Micki.
Das ist es nicht, sagte der Tramper. Und dann mit unerwarteter Redseligkeit: wenn du wüßtest, was ich durchgemacht habe. Ich trampe nie wieder, sage ich dir.
Was ist denn passiert, fragte Micki.
Die Geschichte glaubt mir keiner, seufzte der Tramper.
Ich hole noch zwei Kaffee, und dann erzählst du sie mir, sagte Micki.
Und Schnaps, rief der Tramper ihm hinterher. Ich brauche noch Schnaps.

2

Das war der wahnsinnigste Lift meines Lebens.
Alles fing damit an, daß mit der Sybille Schluß war. Ich habe sie mit einem alten Freund erwischt. Die Situation habe ich gut im Griff gehabt, aber als ich dann raus war aus der Wohnung, zitterten mir doch die Knie ganz schön. Ich bekam kaum Luft, so sehr lag mir das, was ich gesehen hatte, auf der Brust. Dort konnte ich nicht mehr atmen. Ich mußte weg. Irgendwohin. Geld hatte ich kaum, das wollte ich mir unterwegs beschaffen. So oder so.
In Othmarschen bekomme ich, ohne lange warten zu müssen, einen Lift bis Brunautal. Und auch hier stehe ich an der Auffahrt, weit entfernt davon, einen Krampf im Daumen zu kriegen, als schon einer anhält. Ich nichts wie rein, und los geht die Fahrt.
Oft meinen die Leute, sie müßten unbedingt reden. Wo man herkommt, wo man hinwill, wie lange man gewartet

hat und so weiter. Oder sie erwarten, daß man sie unterhält, weil sie eine Stimme während der Fahrt hören wollen. Mein Fahrer sagt kein Wort. Er hat nur so ein merkwürdiges Lächeln im Gesicht.

Ich bin froh, daß ich so gut wegkomme, und daß er still ist. Mit meinen Gedanken bin ich sowieso ganz woanders und kann keinen vertragen, der mir ein Gespräch aufdrängen will. Dafür geht mir das Radio auf die Nerven. Die ganze Zeit NDR II. Blöde Musik und dumme Witze. Normalerweise stehe ich ja auf den Sender, aber heute ist es ein bißchen viel. Schließlich muß ich überlegen, wie ich am wirksamsten vorgehe.

Wir haben schon ein paar Kilometer hinter uns. Ich bin ruhiger geworden und sehe mir den Fahrer genauer an. Um die vierzig, schätze ich. Besonders betucht scheint er nicht zu sein, aber ich kann nicht wählerisch sein in meiner Lage. Seine Hände sind klein und gepflegt. Er macht einen ruhigen, gelassenen Eindruck. Kein Hysteriker, der die Kontrolle verliert und durchdreht.

Das ist mein Mann.

Ich habe so was noch nie gemacht.

Eine Waffe habe ich natürlich nicht, nur mein altes Taschenmesser. Damit müßte es gehen. Und das Ganze während der Fahrt, damit die Hände schön am Steuer bleiben müssen.

Junge, habe ich mich für clever gehalten.

Inzwischen sind wir kurz vor der Raststätte Allertal. Mein Fahrer setzt grade zum Überholen an, da bohre ich das Messer in das Futter der linken Tasche meiner Armyjacke.

So Opa, nun bleib mal ganz ruhig, sage ich und hab' doch selber Herzklopfen. Überhol die paar Laster da vorn und dann fährst du wieder brav auf die rechte Spur, die Händchen immer nett am Lenkrad.

Der sieht nur kurz auf die Ausbeulung in meiner Jackentasche, scheint aber überhaupt nicht beeindruckt zu sein, wenn ich sein Lächeln richtig deute.

Meinst du nicht, daß die Nummer zu groß für dich ist, fragt er mich.
Das laß mal meine Sorge sein, sage ich. Überleg lieber mal, was du mir freiwillig überlassen willst, wenn du mich demnächst absetzt.
Ich halte ihn also weiter in Schach mit meinem Taschenmesser, denke ich. Er überholt einen Wagen nach dem anderen, und ich bin nahe dran, ihn energisch daran zu erinnern, endlich auf die rechte Spur überzuwechseln, als die Baustelle angezeigt wird. Er geht etwas mit dem Tempo runter, bleibt aber auf der linken Spur. Ich sehe die Blinkanlage am Ende der Baustelle.
Jetzt ist es bald soweit.
Aber was macht dieser Irre?
Ich denke, ich spinne. Fädelt sich nicht nach rechts ein, fährt geradeaus weiter, ist auf einmal auf der Gegenfahrbahn.
Bei dir ist wohl eine Schraube locker, brülle ich ihn an. Merkst du denn nicht, daß wir falsch fahren?
Doch, sagt der einfach und grinst.
Ich bin erst mal sprachlos.
Ist der bekloppt?
Die ersten Autofahrer hupen schon wie verrückt, blenden auf.
Und nun, frage ich.
Keine Reaktion.
Beide Hände am Steuer fährt der ganz cool weiter. Immer voll auf der Gegenfahrbahn, die ganze Zeit dies undeutbare Lächeln im Gesicht.
Ich habe ja schon eine ganze Menge gehört und gelesen über so was. Aber meistens waren das skurrile Gestalten, wie die 81jährige Oma, die im Rollstuhl auf der Autobahn München–Garmisch gegen den Strom anruderte. Oder der Bauer mit dem Traktor auf der Autobahn Nürnberg–Ingolstadt.
Betagte, Besoffene, Beschränkte.
Und mein Fahrer? Thront da auf seinem Sitz, den Bleifuß

auf dem Gas, immer auf der Gegenfahrbahn. Und dauernd das Grinsen.
Ein Lkw kommt uns entgegen, bremst scharf, versucht sich rechts einzufädeln, stellt sich quer.
Wir sind bereits dran vorbei. Ich drehe mich um und sehe noch, wie ein Pkw auf ihn draufknallt.
Ich merke plötzlich, wie verkrampft ich bin. Die Hand habe ich schon lange nicht mehr am Messer. Wie heute morgen bei der Sybille spüre ich meinen Magen bis zum Hals, aber jetzt durch eine andere Ursache.
Es ist verrückt.
Ich bemerke vieles, was um mich herum vorgeht, aber bis in die kleinste Faser spüre ich, was in mir geschieht. Mein Mund ist trocken, ich fühle die Zunge nicht mehr. Mein Unterleib existiert nicht. Mein Oberkörper ist an den Sitz gepreßt, und mein Kopf dreht sich mit ungläubigen Augen zu den Autos um, auf die wir zurasen und die dann doch noch glücklich unserem Geschoß ausgewichen sind.
Ich fühle mich wie in der Kapsel einer Rakete, die mich wegschießt von der Welt, an den Sitz gepreßt und für die Ewigkeit zum Stillhalten verurteilt.
Ein Sportwagen kann uns nur knapp ausweichen und knallt gegen die mittlere Leitplanke.
Mein Gesicht ist wie versteinert. Mein Fahrer hört in aller Gemütsruhe Radio. Da kommt die erste Durchsage:
Hier ist NDR II mit einer Warnmeldung. Ein wichtiger Hinweis für Autofahrer auf der Autobahn Hamburg–Hannover in Richtung Hamburg. Im Abschnitt Raststätte Allertal–Raststätte Brunautal kommt Ihnen auf Ihrer Fahrbahn ein Fahrzeug entgegen. Bitte fahren Sie ganz rechts und überholen Sie nicht. Wir werden Sie in Kürze neu informieren.
Ein Streifenwagen schiebt sich auf der richtigen Fahrbahn auf unsere Höhe, fährt parallel zu uns an der Mittelschutzplanke und versucht mit Blaulicht, Horn und Kelle, uns zu stoppen. Schon nach wenigen Minuten gibt er auf, fällt hinter uns zurück.
Heute morgen habe ich mit dem Gedanken gespielt, selber

mit allem Schluß zu machen. Jetzt, in dieser Bedrohung, erscheint mir mein Leben kostbar wie ein Edelstein.

Jetzt kommt uns ein Wagen mit Blaulicht und aufgeblendeten Scheinwerfern entgegen. Ich sehe genau, wie die Insassen gestikulieren, uns Zeichen geben, während wir an ihnen vorbeirasen.

Inzwischen sind die andern Autofahrer offenbar gewarnt worden. Alle fahren rechts, halten unsere Spur frei.

Ich habe das vorhin nicht so gemeint, sage ich mit belegter Stimme. Ich war in Schwierigkeiten.

Jetzt bist du in Schwierigkeiten, stellt der Fahrer richtig.

Was haben Sie vor, frage ich und kenne meine Stimme nicht mehr.

Vor uns ist eine Alarmlichtkette aufgebaut worden. Daneben stehen zwei Streifenwagen mit eingeschaltetem Blaulicht und Warnblinkern quer auf der Fahrbahn, etwa zehn Meter dahinter ein Polizist, der mit der Kelle winkt.

Jetzt haben sie uns, hoffe ich noch. Gleich ist der Wahnsinn zu Ende.

Wir preschen der Sperre mit hoher Geschwindigkeit entgegen. Ich spüre, wie der Wagen etwas nach links zieht, ohne den Überholstreifen zu verlassen. Die Entfernung zwischen uns und dem Polizisten beträgt nur noch 50 Meter. In letzter Sekunde hechtet der Mann nach rechts auf die Standspur. Seine Haltekelle fliegt uns auf den Kühler.

Wir haben die Sperre durchbrochen.

Das nächste Mal werden sie schießen.

Was passiert, wenn sie uns bei der Geschwindigkeit in die Reifen ballern, kann ich mir ausmalen.

Ich gebe alles auf.

Willenlos sitze ich in dem Wagen, der mich Meter um Meter einer leider zu gewissen Zukunft entgegenfährt.

Ich merke nicht, wie die Fahrt langsamer und langsamer wird, und als der Fahrer plötzlich wendet, verstehe ich überhaupt nichts mehr.

Dies war deine erste Lektion, sagt er mit grimmigem Grinsen zu mir. Ich hoffe, du hast sie verstanden. Ich werde die

deutschen Autobahnen von euch Tramperpack schon sauberkriegen.
Während ich meine Gedanken ordne und überlege, was er damit meint, sind wir bereits wieder an der Raststätte Brunautal, genau dort, wo ich vor einer guten halben Stunde eingestiegen bin. Ich werde unsanft aus dem Wagen gestoßen, der mit quietschenden Reifen davonfährt. Das hämische Lachen habe ich jetzt noch im Ohr.
Ich stehe da, wie im Traum. Aber noch niemals habe ich mich nach einem Traum übergeben müssen.

3

Tolle Story, sagte Micki.
Er ging noch Schnaps und Kaffee holen. Von der Geschichte glaubte er natürlich kein Wort. Immerhin hatte der Tramper ihm die Zeit vertrieben, und das sollte die paar Schnäpse wert sein.
Hier, sagte er und stellte das Glas hin. Auf deinen Geisterfahrer.
Du glaubst mir wohl nicht, fragte der Tramper.
Nein, sagte Micki, aber mach dir nichts draus. Die Geschichte ist prima. Darauf kommt es an, nicht, ob sie wahr ist.
Der Tramper versank wieder in Schweigen.
Micki sah auf die Uhr. Er war gut dran, hatte Glück gehabt, wie bisher immer beim Trampen. Er wußte von vielen, die nur schlechte Erfahrungen machten, die stundenlang standen, bis jemand anhielt. Bekannte von ihm waren auch schon mal beklaut worden. Ihm war noch nie was passiert. Und so was schon gar nicht.
Jetzt aber los.
Zum Abend wollte er bei Paul in Mörfelden sein. Der würde Augen machen, wenn er plötzlich bei ihm auftauchte. Sechs Stunden noch, vielleicht auch weniger, wenn er einen guten Lift bekam, schätzte Micki.
Wie willst du denn wegkommen, fragte er den Tramper.
Ich rufe zu Hause an und lasse mich abholen, sagte der und

hing bereits wieder an der Tischkante, das Gesicht in den Händen.

Also dann, sagte Micki.

An der Auffahrt standen noch drei Anhalter. Die anderen kamen schnell weg, und auch er brauchte nicht lange warten, bis er den Lift bekam. Der Fahrer stieg gar nicht erst aus. Er öffnete die Seitentür, und Micki setzte sich auf den Beifahrersitz.

Die Geschichte glauben Sie mir nie, wandte er sich an den Fahrer und begann von dem Typ zu erzählen. Das Märchen vom Tramper, der nie wieder trampt. Er bemerkte nicht, wie der Fahrer anfing, unheimlich zu grinsen.

Gerhard Eikenbusch

Beim Sterben hat mich noch niemand zuschauen lassen; ich bin auch immer rechtzeitig vorher gegangen. Die Androhung, morgens allein aufstehen zu müssen, erschreckt mich mehr als die Vorstellung, unter die Räder eines Siebeneinhalb-Tonners zu geraten.

Rettung, vorläufig

Sie umfaßte den Geländerlauf, drückte die Hand fest zu, zog sich zwei Stufen höher, Ausatmen. Auf dem Treppenabsatz lehnte sie sich an die Wand, den Kopf zurück, prustete und beugte sich vornüber, die Hände auf die Unterschenkel gestützt.
– Dann doch lieber noch mal 'ne Stunde im Aufzug.
Er wartete an der Etagentür, hatte das Sicherheitsschloß entriegelt, geübt um den Türrahmen getastet, den Lichtschalter beim ersten Versuch erreicht.
– Los, komm,
ermunterte er, das Licht aus der Diele splitterte am Flurputz.
– Leg ab, du.
Sie fand ihre optimistische Gesichtsmuskelstellung wieder, schüttelte den Kopf, grummelte weit hinten im Hals, zufrieden, strich mit ihrer Hand über seine Schultern, stützte sich ab. Stirn und Nasenrücken glänzten etwas, der Lidschatten zog sich verwischt bis an die Augenwinkel.
– Die Türen liegen alle im Keller,
kommentierte er ihre Wohnungsbesichtigung, ihre Blicke in die Öffnungen seiner beiden Zimmer.
– Man spart das Streichen, das Türenschlagen, die Zimmer werden weiter.
– Bleib mal ruhig stehen,
bat sie, bückte sich, zog die Reißverschlüsse der Stiefel auf, schüttelte die Gefütterten ab, sie fielen vor ein Regal.
– Ich pell' mir den Schweiß erst mal runter.
Sie machte sich los, trat ein Stück vor, legte die Stiefel zusammen, suchte ihre Handtasche. Er zog ein Handtuch aus dem Schrank, warf es ihr herüber.
Sie fror nicht, legte den Kopf auf die rechte Schulter, summte, saß auf dem Badewannenrand, vor sich das

Waschbecken. Kaltes Wasser umschloß ihre Handgelenke, spritzte bis an den Beckenrand, lief im glänzenden Abfluß zusammen. Sie kontrollierte ihre Lippen mit der Zunge. Spröde und kalt, der Geschmack des Pflegestifts war verbraucht. So mußte Salzwasser schmecken.
– Es dauert noch,
hatte sie ihm rausgerufen, danach unter der Dusche Wasser in den geöffneten Mund schießen lassen, gegurgelt, immer die nassen Haare vor den Augen weggestreift. Dampfschwaden belegten die Kacheln, ihre Haut verperlte mit Badeessenzen. Sie nahm den Mund voll Wasser, pumpte es durch die Zahnreihen und spuckte es weit weg, nahm neues, gurgelte laut, versuchte eine Melodie herauszupressen, das rhythmische
– Hallo. Hallo! Hilfe, Hilfe.
Sie sah das Mädchen gegen die Metallwand der Aufzugkabine aufschlagen, spürte die Angst seiner Faustschläge, es trat auf, sprang hoch, landete dumpf,
– Keine Panik, keine Panik,
brüllte der Kommandeur, faßte sie an den Hüften, schüttelte.
– Wir haben keinen Luftschacht. Sie haben den Luftschacht vergessen.
Sie streckte die Arme bis zum Brausekopf, lenkte die dünnen Wasserstrahlen an ihrem Gesicht vorbei auf den Rükken, drehte sich etwas, es juckte unter den Rändern ihrer Fingernägel.
– Bleib ruhig, du mußt ruhig bleiben.
Seine Stimme war monoton gewesen, er hatte das Mädchen und den Kommandeur angelächelt.
– Es dauert nicht lange.
Sie hatte ihren Mantel zusammengelegt, innen Fellfutter.
– Komm, setz dich, warum willst du dir die Beine in den Bauch stehen,
lud sie ihn ein, der Kommandeur versuchte, dem Mädchen mit abgezirkelten Handbewegungen Ruhe zu suggerieren, sah es geduldig an, starr.

Als er sich langsam an der Wand hatte heruntergleiten lassen, zog sie ein blaues Tabakpäckchen aus ihrer Handtasche, hielt es ihm hin, der Kommandeur an der Tür war aufmerksam, wollte losbrüllen, sie hatten keine Lüftung.
– Ist doch egal,
brachte sie ihn zum Schweigen,
– jetzt oder in zehn Minuten.
Die Zigarette lief konisch zu, nur wenig Tabak am Ende, trocken, schlecht zu drehen.
Er saß neben ihr, zusammengekauert, die Knie angezogen, die Hände umfaßten seine Beine, der Kopf lag in der Mulde. Blonde fettige Haare, Schuppen schwammen darin.
– Laß es,
hatte er ihre Zigarette genommen, zwischen die Handflächen gelegt und zerrieben, Tabak und Papierstreusel rieselten ins Mantelfell.
Der Kommandeur wollte nicht zugeben, daß sie keine Chance mehr hatten, inspizierte wieder das Blech der Schaltertafel, das sich leicht aus der Verkleidung nehmen ließ. Die Gegensprechanlage war ausgebaut, das Kabel zum Notrufschalter unterbrochen.
– Sie haben eine Elektronik,
wiederholte der Kommandeur zu dem Mädchen.
– Wenn ein Aufzug steckenbleibt, wird's automatisch gemeldet. Die brauchen uns gar nicht.
Ein Lama spuckte auf ihrem Alpaka-Pullover, ihr Rock reichte bis an ihre Turnschuhe, weißer Schleim sammelte sich in den Mundwinkeln.
»Befreit Grönland vom Packeis!«
las sie an der Metallwand, als sie sich vom Kommandeur abwandte.

Sie trug Handcreme auf ihr Gesicht, um das Austrocknen der Haut nach dem Duschen zu verhindern, spuckte ins Waschbecken, drehte den Kopf schnell, Wassertropfen schlugen aus den Haaren an den Spiegel.
– In Ordnung, ich hab' keinen Hunger, beruhigte sie ihn,

als er vergeblich nach Gebäck gesucht hatte und zum Bäkker laufen wollte.
– Bleib hier.
Sie hielt ihn am Arm, zog ihn herunter auf den Klappstuhl in der Eßecke.
Im Aufzug hatten sie nichts zu teilen gehabt, nicht mal der Kommandeur hatte eine eiserne Ration Kaugummis eingepackt.
– Wir verhungern oder ersticken, das können wir uns aussuchen, hatte er an der Wand sitzend in seinen Schoß genuschelt. Das Mädchen drückte ihre Fäuste an die Backen, senkte den Kopf langsam, ihre Angst war bis in die Fingerknöchel sichtbar.
– Sie hatte eine gelbe Zunge, als sie immer
»Befreit Grönland vom Packeis. Hallo. Hallo! Hilfe«
gerufen hat. Ihre Zunge war dunkelgelb.
Er zog den kleinen Löffel über den Boden des Teeglases, wirbelte Zucker auf.
– Bestimmt lebt sie mit dem Kommandeur zusammen.
Der Dicke war schnell kategorisiert, als er sich umgesehen hatte, zackig, wissend und die Felder ordnend. Eins kam nach dem anderen bei ihm, es fehlte nur das »Jawohl« seiner Mannschaften. Er hatte geradeaus gesehen, an ihnen vorbei, die Verzweiflung und die Wut waren in seinen Fingern geblieben, als er die Türen der hängengebliebenen Kabine aufziehen wollte, die Lippen aufeinanderpreßte, prustete.
– Du hättest ihm helfen müssen.
Der Zucker hatte sich gelöst, Zitronensaft den Tee hellbraun gefärbt, er schlürfte hastig, schluckte ein paar Tropfen hinunter, die Zunge brannte.
Er wollte nicht zwischen dem Kommandeur und dem Mädchen stehen, auf Kommandos in seine Beschäftigungsstrategie eingebunden werden. Einfach sitzenbleiben, alles genau verfolgen.
– Du warst gut, auf deinem Mantel.
Er war zerbrochen am Kommandeur, wie er das Mädchen

an den Hüften gepackt hatte, verschloß sich, wollte mit den anderen im Aufzug nichts zu tun haben, allein für sich sein.

– Zum Schluß gingen ihre Schreie mich nichts mehr an, hab' sie nicht mehr gehört, es war leer um mich herum, die Gesichter steckten hinter einem Gipsüberzug.

Er war ausgeglichen gewesen, hatte den Kopf auf die Knie gelegt, die Tabakbrösel weggeschnippt.

– Was macht siebzehn mal neunzehn.

Eine zweifache Operation war gefordert, er sah zu ihr hoch, sie nickte aufmunternd, im Zweierschritt ging er nach vorn, löste ihre Aufgabe, zwanzig mal siebzehn ist dreihundertvierzig, dann noch minus siebzehn macht dreihundertdreiundzwanzig. Sie prüfte das Resultat:

– Richtig, du bist dran.

Erlaubt waren schließlich alle Aufgaben im Zehner- und Zwanzigerbereich, Wiederholungen gaben Strafpunkte. Das Mädchen sah ihnen zu, die Hände schützend vorm Gesicht.

– Gleich ist die Luft vorbei,

hatte der Kommandeur erfolglos von den Aufgaben abgelenkt, die noch um Wurzelziehen erweitert wurden. Sie sahen sich nicht an, zählten manchmal an den Fingern ab, lehnten sich zurück. »Befreit Grönland vom Packeis!«

– Komm, gehen wir rüber,

bat er, zeigte auf eine Sitzgarnitur vorm Fenster. Die gleiche Einladung wie zwei Stunden vorher, als die Hausmeister den Fahrkorb hochgekurbelt hatten, die Türen im Erdgeschoß auseinandergedrückt wurden. Oben aus dem Schacht hatten sie zuerst gerufen, die Fäuste des Mädchens verkrampften sich erneut.

– Hier sind wir, hier. Hallo.

Sie erwiderten was von »Rausholen« und »jeden Moment«, langsam hatte die Kabine geruckt, wurde unregelmäßig angezogen.

– Alles okay?

fragte das Mädchen den Hausmeister, als die Tür einen

Spaltbreit geöffnet war. Ihre Gesichtshaut war rot, weiße Flecken hatten sich darauf eingenistet.
– Hoffentlich haben wir ihnen keine Scherereien gemacht, war der Kommandeur hinausgestiefelt, hatte sich beim Mädchen eingehakt.
Die beiden hatten erst danach ihre Mäntel aufgehoben und ausgeschüttelt, waren an den beiden Hausmeistern nickend vorbeigetrottet, hörten deren Sprechfunknachrichten nicht zu.

Langsam ließ sie sich auf die Couch fallen, legte ihre Hände neben sich, die Finger ausgestreckt. Er hockte sich neben sie, lehnte sich an das Rückenpolster, stützte einen Arm auf, sah ihre weißen ausgestreckten Finger auf dem Bezugmuster.
– Vierzehn mal dreizehn.
Sie legte ihren Kopf zurück über das Polster, summte ein paar Töne, schloß die Augen. Die Haut über den Backenknochen und der Stirn spannte sich, die Knochen zeichneten sich ab, warfen kleine Schatten, die Töne wurden tiefer, hörten ganz auf.
– Ich atme, ich atme ganz ruhig.
Ihre Lippen zählten, die Augenwimpern zitterten.
– Du guter Mensch, du,
seine Stimme kippte etwas, wurde heller.
Sie konnten aus dem Fenster sehen, wie die Wolken ineinanderfuhren.
– Du guter Mensch,
gab sie langsam zurück, hätte es gern buchstabiert, als Schriftzug mit Streichhölzern gelegt.
– Komm her, du.
Sie drückte ihre Hände auf seine Schultern, fest, beugte sich vor.

Sie fallen nicht, zeigen ihre Hände, vergleichen transpirierende Handflächen, suchen die salzigen Perlen. Ihre Köpfe lehnen aneinander, auf ihrer Haut richten sich die Härchen

gegen ihre Atemzüge,
– Komm du,
fahren die Fingerkuppen über Augen und Mund.
Es wird nicht dunkel werden, draußen, sie löschen die Sonne nicht, komm, halt mich, du bleibst hier.
– Ich kann nicht mehr gehen,
lacht er leise, setzt sich neben sie.
Ihre Finger verschränken sich, abwechselnd wärmen sie den Knoten mit ihrem Atem.
Es wird nicht dunkel draußen, sie kennen nicht mal ihre Adressen.
– Halt mich fest, du, wenn du jetzt gehst, krieg ich keine Luft mehr.

Frank Arlig

In meinen Todesangst-Erfahrungen überschneiden sich Wirklichkeit und Traum; Großstadtverkehr und Warenhaus sind zum persönlichen Erfahrungsraum für die Möglichkeiten meines Todes geworden.

Ihr wollt wohl, daß ich zittere . . .

Todesfurcht? Mit mir nicht, mich können sie nicht einschüchtern, ist nicht drin, nein, nicht mal damals, als ich unter der Straßenbahn lag. Ich dachte an das rechte Bein, das gleich von dem eisernen Rad überrollt und zerquetscht sein würde, auch der rechte Arm, vielleicht sogar die Schulter wären zermalmt worden. Der Tod trat noch an der Unfallstelle ein, heißt es morgen oder übermorgen im Lokalteil der Zeitung. Sie hätten mich von der Straße aufwischen müssen. Scheußlich, ich mag gar nicht dran denken. Ein unangenehmer Tod für die anderen. Mir hätte es ja gleich sein können, ich wäre weg gewesen; aber der Mensch in der Führerkabine des Straßenbahnwagens muß mich in dem Augenblick wahrgenommen haben, als ich beim Anfahren in Fahrtrichtung vom Trittbrett stürzte, ich aber kann mich kaum noch erinnern. Die lebendigsten Augenblicke im Leben verflüchtigen sich mit der Zeit. Sie lassen sich nicht nachempfinden, ich spreche deshalb auch lieber über Träume. Paris zum Beispiel, nach der Besetzung durch die Deutschen, die langen Nächte in Kellern links der Seine, gemeinsam saßen wir da mit den Franzosen bei Jazz und Chansons. Eine schöne Zeit, der Tod war ganz nah, wir spürten ihn neben uns sitzen, draußen würden wir aufeinander schießen, hier unten im Keller berührten wir einander im Rhythmus. Wirklich, eine schöne Zeit. Dann aber dieses Aug' in Aug' mit dem Tod: die letzten Sekunden, Warten auf den Befehl zum Schießen – an der Hauswand am Place de la Concorde aufgereiht, noch atmend, Todeskandidaten. Nichts Besonderes, ein tägliches Ereignis, Gewehr an der Wange, heute ich, morgen du, erstmals Aug' in Aug', auf wen, auf irgendeinen? Ich suchte mir einen aus. Etwa 25 Jahre alt, meine Figur, sehr sympathisch, liebenswert, wir könnten uns viel zu sagen haben, auch ohne Sprachkenntnisse, wir hätten uns verstanden, gemeinsames Denken und Fühlen – auf der Straße wären wir vielleicht aufeinander zugegangen, einer hätte dem anderen Feuer gegeben, gemeinsam hätten wir geraucht, ich hätte von daheim, er von Paris erzählt. Stolz, fast versteinert standen er und seine Kameraden da, ich hatte darauf zu achten, daß ich das Schießkommando nicht verträume, daß ich mich nicht mit den Augen in den Strukturen der großen schmutziggrauen Quadersteine hinter den Delinquenten verliere, eine sinnlose Wanderung kreuz und quer, keine Fluchtwege, meterdick die Mauern. Ich fühle mein Herz schlagen, das Blut pocht in den Schläfen, die Zeit dehnt sich zu einer Ewigkeit, ich sah mich durch seine Augen, er legte auf mich an, er wartete auf das Kommando, und ich dachte daran, daß Erhängte eine Erektion bekommen, wie aber ist das mit Erschießungsopfern. Ich hatte Angst, ich kann mich noch genau erinnern, meine größte Furcht war, nicht sofort richtig getroffen zu werden. Wer würde mir den Gnadenschuß geben, wie würde ich daliegen, was für Gefühle haben Guillotinierte? Ich sah den riesigen Platz gegenüber, ich sah den Weg zum Louvre, das alles ein letztes, ein allerletztes Mal. Die Angstgefühle machten sentimentalem Abschiedsschmerz Platz. Im Kampf gegen aufsteigende Tränen hat ein Mann Sieger zu bleiben, das wirkt männlich. Die Deutschen denken immer, die Franzosen seien verweichlicht. Ich lenkte mich ab, mit den Händen an der Kleidung herumnestelnd, die Haare mit den Fingern kämmend, vergeblich: Wie siehst du wieder aus, würde Mutter sagen, sie würde weinen, erst gestern habe ich deinen Wäscheschrank aufgeräumt, oder sie würde sagen, daß es heute etwas Gutes zu essen gab, daß sie wieder auf mich warteten. Immer dieses Kriegspielen, der Krieg ist längst vorbei. In Friedenszeiten ist der Platz stark belebt, Touristen trampeln auf der Vergangenheit herum, nur früh am Morgen ist alles ausgestorben. Jetzt muß ich das Gewehr heben, gleich kommt das Kommando. Sollte ich mich daran erinnern, daß seine Augen flehentlich auf mich blickten? Einbildung, nichts als Einbildung. Ich sollte mich schämen. Warum so alte Geschichten aufwärmen. Wir müssen das Vergessen lernen. Man soll die Toten begraben sein lassen und sie nicht vergeblich zur Mahnung an die Lebenden heraufholen. Krieg ist nun mal kein Spaziergang, wenn auch die Sonne scheint. Heute kann man den Krieg im Kino erleben. Das Sterben geht da schnell. Wenn die Dramaturgie richtig funktioniert, dann gibt's zu jedem Toten Applaus. Im Leben ist das anders. Seit Elisabeth Flikkenschildt – ich glaube, es war auch vorm Frühstück, früh am Morgen –, seit sie in ihrem Garten beim Grünzeugrupfen oder Petersilieholen plötzlich über Atemnot klagte, seit ihr schlecht wurde, fühle ich es. Der Tod kann so unerwartet kommen. Wie gestern bei Hertie, das war unangenehm. Zu viele Leute, Preise wurden zur Kenntnis genommen von den Käufern, Preise wurden umgezeichnet für die Angebote der Woche, und mir wurde schlecht, gleich werde ich Schweißtropfen auf der Stirn spüren, ich muß schon blaß sein. Man wird mich vom kalten Fliesenboden auf eine Trage heben, keiner fragt mich, ob ich das will; während sie mich zum Aufzug tragen, wird mir übel, akuter Brechreiz, ich muß kotzen, mir ist das schrecklich unangenehm, ich verliere mich, alles wird einem dann gleichgültig, nur noch zu retten versucht man sich, alles im Körper bäumt sich gegen alles auf. Angst, Eingeständnis, Todesfurcht? Nein, mit mir nicht, mich schüchtert der Tod nicht ein, mich nicht, irgendwann ist es ja doch mal so weit. Oft genug wurde der Tod von den anderen bestanden. Ich schaffe das auch – so wie meine Geburt.

Karin Struck

Todesangst ist Angst vor Trennung. In jedem modernen Kreißsaal können wir beobachten, wo die Todesangst beginnt: wie da der Säugling, dem Ersticken nah und gezwungen zur abrupten Aufnahme eigenen Atmens, an den Füßen wie ein Schwein hochgehalten wird . . . Sterben ist die absolute Trennung, aber davor gibt es viele Trennungserlebnisse, d. h. viele Formen des Sterbens. Abtreibung kann so eines sein. Oder Drogenabhängigkeit. Da fügen sich Leute immer wieder Todesangsterlebnisse zu, um – wie es einmal eine Selbstmörderin ausdrückte – nicht »gestorben zu werden« . . .

Angst vor Trennung

Am Morgen erbrach er sich, war blaß und hustete, aß nicht, rauchte nur, Anna sagte: Rauch doch nicht auf nüchternen Magen. Er kam von der Arbeit zurück, hatte vor den Füßen des Vorarbeiters wieder erbrochen, der hatte ihn ausgeschimpft, warum er überhaupt zur Arbeit gekommen, ihn nach Haus geschickt. Nun saß er bei Anna in der Küche, Anna hatte gleich Angst, die Zeiten mit Gottfried könnten sich wiederholen. Der Arzt schrieb Jürgen krank für eine Woche, er war den Tag über bei ihr, sie mischte ihm Rotwein, zwei Eigelb, Honig, ein Getränk, das Hans ihr einmal bereitet, als sie mit 40 Fieber krank gelegen hatte. Am dritten Tag war ihm schon besser, er sagte, er könne zur Verhandlung gehen, war als Zeuge geladen, sollte einen früheren Kumpel entlasten. Wolfgang habe Autos geklaut, in den Iran verschoben, er, Jürgen, solle seine Unzurechnungsfähigkeit am fraglichen Abend bezeugen, aussagen, daß er gesehen, wie jemand Wolfgang LSD in den Kaffee getan. »Ich werde aussagen, daß ich mich nicht mehr an den Tag vor einem Jahr erinnern kann, ich leiste keinen falschen Eid. Ich will mit diesen Leuten nichts mehr zu tun haben.« Anna war mit der kranken Rosemarie allein, das Kind ordnete Klötze im Wohnzimmer zu schönen Gebilden, lachte, bat sie, ihr das Funktionieren des Kassettenrekorders zu erklären. Mittags rief Jürgen an, die Verhandlung sei zuende, es regne, im Moment sei Trampen zwecklos, er gehe noch zu Christian, der ebenfalls als Zeuge geladen war, um drei Uhr werde er wohl zurück sein. Gegen drei ging Anna in den Supermarkt hinunter, um Reval Filter zu holen, sie stand an der Kasse, die Verkäuferin wog noch Schinken und Rauchfleisch für sie ab. Wie sie dastand und wartete, sah sie hinter der Eingangstür Jürgen, er suchte sie, kam schwankend ins Geschäft, nahm sie gleich in den Arm. »Was ist mit dir?« – »Ich bin betrunken.« Die Verkäuferin kam mit Rauchfleisch und Schinken, Anna flüsterte: Geh schon mal nach oben. Anna bezahlte mit niedergeschlagenen Augen, rannte mit dem Korb die Treppen hinauf in die Wohnung, rief Jürgen, Jürgen, sah in alle Zimmer, fragte die Kinder: War Jürgen nicht hier? Sie lief zurück ins Treppenhaus, er war höhergestiegen, hatte die Tür nicht gefunden, fiel ihr fast in die Arme. Was ist los?, fragte sie wieder, sah sein zerstörtes Gesicht, so sah er nicht aus, wenn er getrunken hatte, die Sätze kamen stammelnd, dumpf. Als sie ihn in die Wohnung zog, sagte er: Ich fühle mich wie auf Trip. »Hast du was genommen?« – »Nein . . . Ich glaube nicht . . . Nein, bestimmt nicht . . . Vielleicht hat mir einer was reingetan.« Er fiel in einen Sessel, Anna setzte sich zu ihm, rauchte, sah ihn an. Seine Augen dumpf, verwirrt, abwesend, voll Angst, seine Gesichtszüge verzerrt, er strich sich mit der Hand im Gesicht herum. »Ich weiß nicht, was mit mir ist . . . Die wollen mich umbringen.« – »Wer will dich umbringen?« – »Ich weiß nicht.« – »Willst du nicht zur Polizei gehen?« – »Nein, nein, nein.« – »Hast du was verbrochen?« – »Nein, nein . . . ich will nicht in'n Knast.« – »Was ist los? Erzähl bitte, was passiert ist.« – »Ich weiß nicht.« – »Hast du wieder mit Drücken angefangen?« – »Nein, ich habe nichts genommen. Ich weiß nicht. Ich kann mich nicht mehr erinnern.« Er strich sich dauernd krampfhaft übers Gesicht, über die Stirn, Anna konnte es nicht mitansehen. »Ich hole einen Arzt.« – »Nein. Ich will nicht wieder in'n Knast. Ich will nicht in'n Knast.« – »Ein Arzt ist doch keine Polizei, es gibt eine ärztliche Schweigepflicht.« – »Ich will nicht zum Arzt.« Das Krankenhaus war nicht weit, ein paar Schritte. »Du gehst jetzt mit zur Ambulanz, ich will keinen toten Mann. Nachher kriegst du einen Kreislaufkollaps.« Er ließ sich überreden, ging benommen, langsam, sie wollte ihm in die Lederjacke helfen. »Du behandelst mich wie ein Kind.« Sie wurde wütend, sagte: Ich bin nicht deine Mutter. Wenn *ich* so wäre, würdest du mich auch zum Arzt schleppen! Auf der Straße schämte sie sich vor den Leuten, wollte schnell gehen, sie hatten sie schon mit Gottfried gesehen, sie wollte, es hätte ein Ende. Jürgen hatte den Arm um sie gelegt, blieb stehen, küßte sie. Versprich mir, sagte er. Sie wußte nicht, was sie ihm versprechen sollte. Hinter der weißen Tür im EKG-Raum ist ein Arzt, sagte die Pförtnerin. Im Raum war niemand, aber der Arzt kam, sie kannte ihn, er hatte Niels behandelt. Ich weiß nicht, was mit ihm los ist, sagte sie. »Er war heute morgen beim Gericht, er sagt, der Angeklagte, den er nicht entlastet hat, will ihn umbringen.« Der Arzt war ruhig, fragte: Was haben Sie denn getrunken? »Vier oder fünf Whisky mit Cola.« – »Trinken Sie öfter?« Jürgen antwortete schleppend, in Satzbrocken. »Manchmal.« Mäßig, deutete der Arzt, Jürgen zuckte die Schultern. »Ich habe früher Rauschgift genommen.« – »Haben Sie eine Entziehung gemacht?« – »Nein, nein . . . Das habe ich auch nicht vor.« Er sollte sich hinlegen, der Arzt maß den Blutdruck, er sei normal, prüfte die Reflexe an Augen und Knien. »Ich nehme an, daß der Alkohol in Verbindung mit der psychischen Streßsituation Ihren Zustand erzeugt hat.« Er holte ein Medikament, wandte sich an Anna: Ist er allein zu Haus, oder ist jemand da? »Ich bin da. Aber ich habe Angst. Wenn er betrunken ist, wird er ruhig und schläfrig, niemals so verwirrt.« – »Wenn es bis heute abend nicht besser wird, kommen Sie wieder, dann kann er die Nacht hierbleiben, und wir beobachten ihn.« Zu Hause zog Jürgen sich aus, legte sich ins Bett, Anna in Kleidern zu ihm. »Ich bin ganz durcheinander.« Sein Gesicht immer noch verzerrt, sie konnte sich kein Bild machen. »Ich fühle mich auf Trip.« Wie sie neben ihm lag, drang sie in ihn, wollte Erklärungen seines Zustands. War vor Angst ganz kühl und ruhig, er sagte, er habe nur fünf Whisky mit Cola getrunken. Die Kinder liefen ins Schlafzimmer, fragten. »Jürgen geht es schlecht, geht bitte spielen.« Niels legte sich zu Jürgen, schmiegte sich in seinen Arm, sagte: Ich habe euch beide gleich lieb. Das Kind lag ruhig da, schaute mit großen Au-

gen. Jürgen drückte ihn, sagte: Gehst du bitte ins Kinderzimmer spielen? Niels küßte ihn, lief hinaus. »Du vertraust mir nicht, du glaubst mir nicht. Du hast mir nie vertraut.« – »Ich vertraue dir. Ich bin nicht dein Vater, der dir nie etwas Gutes zugetraut hat.« Immer wieder drang sie in ihn, ob er wieder LSD geschluckt, sich einen Schuß gesetzt habe, die Süchtigen konnten fast naiv lügen, sie merkten es nicht einmal mehr. »Ich weiß, ich habe mal gesagt, wenn du wieder anfängst, ist Schluß mit uns. Aber du weißt, daß das Blödsinn ist.« – »Du vertraust mir nicht.« – »Ich sehe es dir an, du hast was genommen. So siehst du nicht aus, wenn du besoffen bist.« Sie wollte sich ein Bild machen, er wiederholte alles. »Hast du ein Schuldgefühl, daß du gegen Wolfgang ausgesagt, ihn nicht rausgerissen hast, immerhin war er ja mal dein Kumpel?« – »Nein, das war richtig so. Der Richter war viel zu klug, stellte die richtigen Fragen.« Seine Sätze kamen immer noch dumpf und schleppend, so hatte sie Gottfried unter Tabletteneinwirkung stammeln gehört mit narkotisierter Zunge, es war nicht das Lallen eines Alkoholisierten. Er drängte sich an sie, wollte ihre Nähe. »Ziehst du dich bitte aus.« Wie sie sich auszog, sagte er: Jetzt komme ich mir vor, als hätte ich dir Geld gegeben, verbesserte sich gleich: So meine ich es nicht. Sie verstand nicht, sie legte sich neben ihn, er nahm sie in die Arme. »Beeinträchtige ich dich jetzt?« – »Nein! Du würdest dich genauso um mich kümmern, wenn es mir dreckig ginge.« – »Jetzt liebst du mich nicht mehr? Ich hab' dich so lieb, so lieb.« – »Natürlich liebe ich dich.«
Immer wieder fragte er, ob sie ihn liebhabe, redete dann von »der Entscheidung«. Welche Entscheidung? fragte sie. »Ich muß mit den Leuten Schluß machen.« – »Ich denke, du hast mit den Drogen Schluß gemacht, dann wirst du doch auch mit den Leuten fertig?« – »Ich will nicht von denen immer angemacht und angefixt werden. Ich will meine Ruhe.« – »Ich denke, du hast denen gesagt, daß Schluß ist?« – »Heute abend muß ich die Entscheidung haben. Du kannst mir dabei nicht helfen. Die halten mich für ver-

rückt, weil ich normal bin. Sitzen stundenlang, zerbröseln den Shit, jagen sich einen Schuß rein, machen sich lustig übers Zigarettenrauchen. ›Alles ist ja so günstig, jovel, alles ist günstig!‹ Einmal möchte ich denen die Meinung sagen.« Sie hatten nüchtern darüber gesprochen, daß der Süchtige nicht nur abhängig von »H«, Acid, Shit sei, sondern in der Sucht GesprächsStoff, Beziehungen finde. *Die Süchtigen saugen gleichsam aus einander die schlechten Stoffe ihres Daseins an; sie wirken aufeinander kathartisch.* Aber sein Zustand war nicht, um Erklärungen abzugeben. Er zog sie auf sich, sie sollte ihm nah sein, er drang in sie ein, sie befreite sich sanft. Er suchte Nähe. Wie sie auch in ihn drang, es kamen nur die gleichen Sätze: Ich weiß nicht, ich kann mich nicht erinnern, vielleicht hat mir einer was reingetan, ich fühle mich wie auf Pille, ich weiß nichts mehr. Und immer noch das verzweifelte, gequälte Streichen der Hand über Stirn und Augen, das Gesicht war ein wenig entspannter geworden, die Augen noch dumpf, kaputt. Deine Augen, sagte sie. »Es ist so schwer, mit dir glücklich zu sein. Ich muß mich von den Leuten trennen, heute abend mache ich die Entscheidung.« Die Entscheidung, die Entscheidung, das Wort machte sie wild. »Ich dachte, du brauchst noch ein paar Monate, um dich von den Leuten zu trennen?« – »Nein, die Entscheidung ist heute abend.« – »Am liebsten möchte ich dir ein paar Valium geben, daß du schläfst.« – »Vertraue mir doch einmal, du vertraust mir nicht. Ich muß da heute abend hin.« – »Eine Entziehung von Menschen?« – »Vielleicht.« Er fragte, wie spät es sei, er wollte aufstehen: Ich muß da heute abend hin! Er taumelte noch, sagte, es gehe ihm besser. Wenn ich im Krankenhaus liege, werde ich noch mit letzter Kraft unsere Telefonnummer flüstern, daß sie dich anrufen, sagte er lächelnd.

Anna blieb unruhig zurück, kümmerte sich um die Kinder, las ihnen zum Einschlafen die Geschichte vom Hund Simp, den niemand haben will, vor, ruhig, langsam, deutlich, ihre Gedanken waren woanders. Die Kinder schliefen bald ruhig, sie setzte sich vor den Fernseher, sah Bruchstücke einer Komödie, nahm nichts auf, rief Martha an. Als sie im Bus zu Martha fuhr, erinnerte sie sich der Geschichte einer Hure, die sich dem Gewerbe entzogen hatte und jahrelang verfolgt worden war von ihrem Zuhälter. Gibst du der Sucht den kleinen Finger, so nimmt sie gleich den ganzen Menschen, dachte sie. Martha hörte ihr zu, erzählte, wie Hermann sich erst von Heroin gelöst in einer Klinik, wo er zehntausend Hähnchen am Tage habe schlachten müssen. »Vielleicht hatte Jürgen ein flash-back. Du weißt, das Gehirn speichert die Erlebnisse auf dem Trip, ganz wird er das nie los. Immerhin hat er fast zweihundert Linsen geschluckt.« – »Ich erinnere mich an einen Abend. Er hatte Wodka getrunken. Plötzlich hatte er ein so komisches Gesicht, so kaputte Augen. Wie ich ihn fragte, sagte er, alles verbiege sich vor seinen Augen, er sehe Wölbungen, Farben, höre Töne. Ich begriff, er konnte mit Alkohol andere Geister wecken, ohne gerade Shit, LSD oder ›H‹ genommen zu haben!« Als Anna nach Haus kam, lag Jürgen schon im Bett, das Licht brannte, sie legte sich zu ihm. »Ich habe solche Angst, kannst du jetzt zehn Minuten noch für mich dasein?« Er war todmüde, in ihr hatte sich alles gestaut, langsam wich die Kälte der Verstörtheit, Panik kam in ihr hoch. Er sagte, er wolle ihr noch zuhören, nach Annas erstem Satz sackte er weg in den Schlaf, sein Körper zuckte im Einschlafen, sie lag wach, grübelte. Am nächsten Morgen wußte er von nichts, sie mußte ihm alles erzählen, er hörte ihr zu, als spreche sie über einen Dritten. Ging mit den Kindern am Nachmittag ins Freie, sagte, sie solle sich ausruhen. Sie saß am Schreibtisch, rauchte, war unruhig, ihr schien der Vortag plötzlich ein Traum. Er erinnerte sich an nichts, auch wenn sie es ihm erzählt hatte, vergaß er gleich. Ihr Gedächtnis aber war wie ein Tresor, alles blieb bewahrt, speicherte sich, sie mußte noch ersticken vor all dem aufgeschichteten Erinnerten.

Ihr schien plötzlich, als lebte sie, wie Jürgen, in einer andern Art langdauernder Entziehung. Die Angst überfiel sie, daß die Bilder von Hans, wie ein flash-back, unwillkürlich immer wiederkehren und sie nie in Ruhe lassen würden. Sie setzte sich an den Schreibtisch, suchte den ersten Satz, wollte von Jürgens flash-back, von seiner Verstörung schreiben. Ihr war das Erlebte durch den Abstand von Stunden schon wieder so fremd geworden, daß es lächerlich gewesen wäre zu sagen: Ich habe dies erlebt. Sie hätte es niemandem erklären können: Jede Sprachfindung war für sie ein ungeheuerliches Ereignis. Ob es sich dabei um »Erlebtes« oder um »Erfundenes« handelte, war fast gleichgültig. Die Grenzen zwischen Erlebtem und Erfundenem ließen sich nicht mehr ziehen. Auch nur einen Satz zu finden, war mühsam. Jürgen würde die Verstörung seines flash-back schon übermorgen vergessen haben. Er würde sein »Erlebnis« nicht aufbewahren. Keine Sprachschichten würden daraus entstehen. Die Menschen, die von Kindesbeinen an über Sprache verfügt hatten, würden nie verstehen, was es Anna bedeutete, überhaupt einen einzigen Satz zu schreiben. Jürgen und auch Anna kamen von Menschen her, die ihre Erinnerungen höchstens in Form von Familienfotos aufzubewahren pflegten. Das waren dann stehende Erinnerungen, abgelichtete Erinnerungen. Anna filterte die Erlebnisse durch ihr Denken. Die Erlebnisse waren für sie wie für die Bienen die Blüten. Dem Honig konnte man die Herkunft aus Tannen- oder Rapsblüten noch anmerken, man konnte sie schmecken und riechen. Schmetterlingssammlerin hatte Gottfried sie einmal genannt. Aber hieß Beobachten, hieß Schreiben nicht auch Lieben? Die andern sprachen von Ausbeuten, von Ausschlachten. Wollten sie ihr die Gemeinschaft aufkündigen? Wollten sie sie nicht leben lassen? Sie leben lassen, hieß sie schreiben lassen. Sie mit ihnen leben lassen, hieß sie über sie schreiben lassen. Wie Max Frischs Frau hatte Jürgen gesagt: Über mich schreibst du nicht! Anna hatte immer über Menschen geschrieben, die fort, tot waren. Sie wollte nicht, daß Jürgen verschwände. Die Schmetterlingssammler spießten die schönen Schmetterlinge auf, um ihre Schönheit zu besitzen. Anna tötete die Menschen, von denen sie schrieb, um ihre Schönheit, die einzelnen Mosaiksteinchen ihrer Existenz in der Sprache zusammenzusetzen und zu besitzen. Etwas von Töten war in jedem Schreiben. Distanz. Kälte. Das arbeitende Schriftstellergehirn. Sie hatte am Bett der Großmutter gesessen, eine trauernde Enkelin. Zugleich war sie Beobachterin gewesen, Studentin des Sterbens. Sie erinnerte sich, wie sie zur Mutter gesagt hatte: Ich möchte bei dir sein in deiner Sterbestunde. Du willst nur über mich schreiben, hatte die Mutter abwehrend geantwortet.

Um etwas zu schaffen, mußte man immer auch etwas stehlen. Sätze und Gesten der andern. Dafür gab es doch kein Copyright. Es war Annas Vermögen zu hören, zu sehen, zu fühlen, zu erinnern, zu denken. Das durften die andern ihr nicht streitig machen. Aber viele gingen eher unerkannt herum und wollten nicht, daß sie über sie schriebe, als daß sie eine kleine unangenehme Wahrheit über sich ertragen hätten. Bilder erschienen vor ihr, Bilder aus den Tagen mit Hans. Sie hatte mit ihm das Museum Hauff in Holzmaden besucht. Ein Fischsaurier war aus dem Schiefer freigelegt, mit einem bereits geborenen Jungen und fünf Embryonen im Leib. Sie hatte staunend davor gestanden. Sie sah ein Bild ihres Schreibens: Abtötung mitten in einer Entwicklung. Nach dem Museumsbesuch hatte sie Hans zu einem Interview nach Waldenburg begleitet. Am Eingang des Ortes hatten sie an einem Friedhof Halt gemacht, die Sonne schien, sie gingen über den mit Lärchen bewachsenen Friedhof. Lärchen bewegten ihre Kronen im leichten Wind gegeneinander, Hans sagte: das gibt ein beinernes Geräusch, deswegen sind Lärchen die richtigen Bäume für einen Friedhof. Hier muffelt es wenigstens nicht so nach Leichen wie auf dem Ohlsdorfer Friedhof, hatte er gesagt. Anna fand eine Grabinschrift: Gisela Schmidt, geb. Korb, mit Kind, 1939–62, sie hatte gerätselt: Ist die Frau schwanger gestorben?

Sie flüchtete sich vor den Vorstellungen ins Bad, zu Jürgen, das Bad war wieder der Ort, der ihnen Wärme gab, Hautnähe, Nähe. Sie lagen zusammen in der Wanne, sie bäuchlings zwischen seinen Schenkeln, ihr Gesicht auf seiner Brust, die Haube über den Haaren, das Wasser reichte ihr zum Kinn, sie streichelte Jürgens Haut, das Wasser ging auf und ab. Bewegung des Wassers von der Bewegung der ineinandergeflochtenen Körper. Sie hörte sein glückliches Atmen. Dann lag sie im Schlaf, träumte, wie sie Bertha zur Absaugung begleite, Bertha wehrte sich, Anna hielt sie am Arm, führte sie in den Hörsaal einer Universität. Zuschauer saßen in den aufstrebenden Bänken, wie zu einer Anatomiedemonstration, Frauen legten Bertha auf einen Demonstrationstisch, Anna setzte sich in die erste Bank, saß dort allein. Die Frauen zogen Berthas Schenkel auseinander, schabten etwas heraus aus ihrer Scheide, ohne jegliches medizinisches Besteck, wollten beweisen, daß es *nichts* war, und kurz und schmerzlos, Anna erkannte in einer der Frauen eine bekannte Frauenrechtlerin, mit nüchternem, halb triumphierendem Blick hielt sie den stummen Zuschauern ein Bündel hin, das sie aus Berthas Gebärmutter gezogen, sagte laut in die Stille: Wir haben alle im Kopf schon -zigmal abgetrieben! Sie hielt ein Stoffbündel in der Hand, ein Stoffsäckchen, unblutig, sauber, leinenweiß. Anna sah es groß vor Augen im Traum, schämte sich ihrer Angst: Es ist *nichts!* Am nächsten Morgen hatte Jürgen wieder Fieber, saß in Decken eingehüllt am Küchentisch, sie kochte Lindenblütentee, bereitete ihm ein warmes Bad, sagte, er solle schwitzen. Rosemarie nieste ins Essen, Jürgen fuhr aus der Haut, ihm vergehe der Appetit. Anna quälte seine Geduldlosigkeit. Niels wollte nicht essen, hatte vorher die Mutter gefragt: Wann machst du endlich Essen? Die Kinder zappelten auf den Stühlen, Anna spürte, wie Jürgen immer noch die Kinder wie Fremde ansah, sie fühlte sich in den Kindern verneint, er sagte, wie sie mit ihm allein in der Stube saß: Entschuldige meine Nervosität, meine Nerven gehen manchmal durch. »Ich kann nicht in vier Monaten der vollkommene Papa sein, hab Geduld mit

mir.« Sie lachte: Papa! Papa! So nenne ich meinen eignen Vater. Sie sprachen vom Schreiben, Jürgen hatte angefangen, ihre »Hebammengeschichte« zu lesen, in der sie den Konflikt einer Hebamme, die ein mißgestaltetes Kind zur Welt gebracht, beschrieben hatte. Sein Interesse war ihr mehr wert als das Lob von zehn Kritikern. Sie sprach von ihrer Müdigkeit, wie sie auf sich gestellt, aber unselbständig sei, wie sie morgens so mühsam in Gang komme, allein für sich zu Haus, ohne Anregung eines Kollegenkreises, Heimarbeiterin, die dann wieder Reisen machen, zu den Leuten sprechen, in öden Hotels hausen müsse. Er sagte: Dann wechsle den Beruf. Wenn ich invalid werde, muß ich auch umschulen. Sie sah ihn entsetzt an. »Ich werde wieder Hebamme, dann habe ich einen Halt.« – »Ich sehe dich gern als Schriftstellerin.« Doch hatte er ihr oft gesagt: Ich liebe dich als Anna, nicht als Schriftstellerin.
Am Abend ging Jürgen zu Peter, Shit zu holen, von LSD war nicht mehr die Rede, Anna wollte nie mehr nach seinem flash-back mit Jürgen von dem Trip sprechen, den sie nehmen wollte. Bobbe würde ihr besorgen, was sie wünschte. Wie sie allein im Zimmer saß, panisch, weil die Tür ins Schloß gefallen war, fühlte sie sich sogleich verlassen – dieses Geräusch der ins Schloß fallenden Tür. Es klingelte. Bobbe stürmte herein, legte gleich eine Scheibe auf, »Cocaine« von J. J. Cale, behauptete, mit dem Drücken aufgehört zu haben, sie glaubte ihm nicht, er sprang von einem Gedanken zum andern. »Seit du mich zurückgewiesen hast, habe ich mit sechs Mädchen geschlafen. Es ist ein Machtgefühl, ich gehe in die ›Lila Eule‹, sehe ein Mädchen an, brauche nur zehn Minuten mit ihr reden, schon geht sie mit, wenn ich will, auch wenn ihr Freund neben ihr steht.« Er baute sich eine Pfeife, paffte in süchtigen Zügen, das Zimmer war bald von Shitgeruch und -rauch erfüllt. »Ich habe aufgehört zu drücken, weil man davon impotent wird. Dazu ist mir die Liebe zu wichtig. Man kriegt wirklich keinen mehr hoch und verliert alles Interesse.« Er hatte sich das Haar frisch gewaschen, hell und weich fiel es ihm ins

Gesicht. Er erkundigte sich nach Gottfried. »Ich gehe nie in die Suchtmühle.« Er fühlte sich, seit er in der Stadt wohne, als Gangster, wisse aber nicht, was er tun solle. »Ich kenne die wichtigen Stellen der Frauen, mit mir sind die immer glücklich.« Er fragte, ob er etwas essen dürfe, sie gingen in die Küche, er schmierte sich Brote. »Ich habe Angst, LSD-süchtig zu werden.« LSD-süchtig, hielt er sie für so unwissend? Jürgen erzählte ihr dauernd, wie Bobbe sich die Spritzen reinjagte. Bobbe bot ihr »H« an – Willst du nicht mal versuchen? –, als biete er Obst aus einer Obstschale an, sie konnte noch nein sagen. Er erzählte von einem Freund, seit langem arbeitslos, der Opiumkristalle gestohlen hatte, die für mehrere Jahre reichten. Wie er sich so in die Haschischwolke hüllte, wurde er warm im Reden. Ich muß dir eine heiße Story erzählen, sagte er. Schicker war er auf dem Mofa gefahren, einer Polizeikontrolle fast in den Wagen. Ein paar Gramm Shit fand man bei ihm, setzte ihn sechzehn Stunden in Untersuchungshaft, machte ihn mürbe, jagte ihm die größte Angst ein, Angst, wieder die Freiheit zu verlieren, er sah sich schon »in der Kiste«. Die Bullen hatten bei Wolfgang Zigarettenschachteln aus dem Toom-Markt gefunden, Wolfgang, der sie von Bobbe hatte, verriet Bobbe, die Bullen durchsuchten sein Zimmer zu viert, fanden reichlich Material, erpreßten ihn in der Untersuchungshaft. Wenn er bereit sei, Dealer zu verpfeifen, komme er auf freien Fuß, werde nicht dem Staatsanwalt vorgeführt. Bobbe wurde mit dem »Obergreifer« vom RD verbunden, mußte Namen nennen und Begriffe, um sich als »Fachmann« auszuweisen. Er entschloß sich, die Bestechung anzunehmen, nun saß er an Annas Küchentisch, redete sich von der Spannung los, wollte bestätigt haben, daß er kein Verräter, daß er nicht »link« sei. »Paß auf, daß die Bullen dich nicht benutzen und wegwerfen!« Er wollte die verraten, zu denen er selber gehörte, er hielt Daumen und Zeigefinger zusammen: Die sind mir *so*viel wert! »Vielleicht rettest du Leute vorm Tod.« Er hatte die Nummern dreier Beamter vom RD, sollte anrufen, wenn er wußte, wo, wann, wie Dealer zugange waren, ein gefährliches Spiel. Bobbe, der nie wichtig genommen worden war, fühlte sich wichtig wie ein Seeräuber. Er saß am Küchentisch, erzählte von Speedy, einem Dreiundzwanzigjährigen, der im letzten Sommer an »H« gestorben war. Speedy war immer linker geworden, je abhängiger er vom »H« wurde, hatte immer wieder Leute abgezogen um Stoff oder Geld, einmal schlugen ihn die Geschädigten krankenhausreif. »Der hatte kein Gesicht mehr!« Drei Wochen lag er im Hospital, kaum setzte er den ersten Schritt heraus, warnte man ihn: Speedy, noch einmal, und du . . . Speedy zog wieder jemanden ab, Freunde und Brüder des Geschädigten kamen zu ihm, waren freundlich, luden ihn zum Trinken ein, machten ihn vollkommen betrunken, boten ihm bei sich zu Haus einen Schuß an: Guck mal, Speedy, was wir hier haben! Hielten ihm das Pulver vor die Nase, er griff danach mit glitzernden Augen, konnte nicht mehr die Vene treffen, sie boten ihm Hilfe an, setzten ihm den Goldnen Schuß, »zufällig ein bißchen zuviel«. Mord, sagte Anna, Bobbe: Wie man's nimmt! Wie er von Speedy erzählte, sprach er von seiner eignen Angst. Anna, erschöpft vom Zuhören, atmete auf, als Jürgen zurückkehrte. Bobbe erzählte noch einmal die Geschichte vom RD, wollte von Jürgen Bestätigung, Jürgen winkte ab: Du stolperst in linke Sachen rein, die du nicht mehr übersehen kannst. Anna fiel halbtot ins Bett, dachte an Bobbe, wie sie angezogen war und abgestoßen, wie er »er« war, wie sie sich in ihm spiegelte, wie sie ihm helfen, wie sie sich wehren könne gegen das Angefixtwerden, wie sie ihn nach LSD fragen wolle, wie sie ihn vom Drücken abbringen könne, ja!, nein!, die Gedanken wirbelten in ihrem Kopf. Jürgen war angedrönt, hatte »Idiotenaugen«, wie sie seine Haschischaugen nannte, sagte: Morgen höre ich auf, trinke nur noch Wasser, gewöhne mir das Rauchen ab. Er legte die Zigarette weg, die er sich hatte noch anzünden wollen.

Am Abend darauf war Anna allein, ihr gingen die Erzählungen Bobbes nicht aus dem Sinn. Sie vertiefte sich in

Benjamins Buch über Haschisch, das ihr Hermann geschenkt hatte. Sie wehrte sich gegen die Lockungen der scheinbar nüchternen Haschischbeschreibungen. Sie dachte an Bobbe, an Jürgen, wie da so gar kein Vergleich war zwischen den »Versuchsanordnungen« von Benjamin und der Lebensbedrohung ihrer Freunde. Dennoch wirkte das Buch auf sie betäubend. Die Selbsttäuschung Benjamins durchschaute sie und erlag ihr. War er nicht auch einsam, krank? War nicht jeder, der Drogen nahm, krank an seiner Seele? Konnte er sich nur, weil er ein Intellektueller war, herausreden auf die Bewußtseinserweiterung? Als sie später Jürgen das Buch zeigte, las er ein wenig darin, legte es aber bald weg, sagte: Damit habe ich nichts zu tun, das ist langweilig, der hat keine Ahnung. Sie stand dazwischen und fühlte sich gezwungen, sich ein Bild zu machen. Ihr war, als müsse sie dem Buch von Benjamin gleich auf den Grund gehen. Sie konnte sich nicht vormachen, daß sie Haschisch nur nehme, um sich selbst zu erforschen. Sie fühlte sich schlecht. Benjamin konnte sich seine Krankheit nicht zugestehen. Sie wollte allein fortgehen und über die Erinnerungen, die sie quälten, verfügen. Einiges wollte sie ganz vergessen – da wollte sie sich betäuben –, anderes sollte wiederkehren. Sie wollte der Erinnerung nicht weiter so schutzlos ausgesetzt sein. Es gelang ihr noch nicht, die Erinnerungen literarisch abzutöten und Kunst daraus zu machen. Sie drängten sich immer wieder vor wie blanke Messerspitzen und ließen sich nicht entschärfen.

Sie ging ins »Odéon«, Jürgen war mit seinen Freunden. Sie fühlte sich allein, obwohl sie nicht dauernd mit ihm zusammensein konnte und wollte. Es fiel ihr alles so schwer: zu denken, zu fühlen, alles zusammenzutun zu einem Verständnis. Im »Odéon« sah sie bedrönte Jünglinge. Einer hatte seinen Schäferhund neben sich, turnte auf dem Stuhl herum, sang vor sich hin, lächelte narzißhaft nur für sich. Sie fragte ihn leise, ob er Shit habe. Ihr war, als frage ein fremder Teil in ihr. Wenn Jürgen sie so sähe! Kann ich im Moment nicht vertragen, sagte der Junge. Sie ging in den

Billardraum, sprach die Leute an, fragte leise. Beim dritten Mal hatte sie Erfolg. Ein schwarzhaariger, schwarzbärtiger Araber sagte: Komm mit uns, wir wohnen gleich um die Ecke. Sein Gesicht war von schwarzem Haar wie zugewachsen. Neben ihm stand seine blonde Freundin, ein dikkes, warmherzig wirkendes Mädchen. Anna sagte: Okay, ich warte am Eingang auf euch. Sie ging schwankenden Schrittes zu dem Jungen mit dem Schäferhund zurück, er wollte mitkommen. Sie hatte Valiumtabletten genommen, Wein getrunken. Sie ging fast willenlos mit den dreien. Der Araber wollte ein Taxi nehmen. Als Anna im Taxi saß, überfiel sie das Gefühl einer Gefahr. Sie sagte nichts. Sie lächelte. Sie stieg mit den andern aus, folgte ihnen in das Souterrain eines Mietshauses. Der Araber gab dem Mädchen Befehle: Stell die Musik an, hol Kerzen her, gieß Wein ein. Sie befolgte alles ruhig. Anna saß neben dem Araber im Halbdunkel. Ihr schräg gegenüber der Jüngling mit dem Schäferhund. Ihr gegenüber am Tisch das blonde Mädchen. Anna fragte das Mädchen nach ihrem Beruf. Sie sei Krankenschwester gewesen, nun aber nur noch in der Küche tätig. Der Araber sagte, er brauche nicht zu arbeiten, er lebe von Luft und Liebe, lächelte dabei vieldeutig. Anna nahm nichts mehr richtig auf. Der Araber flüsterte ihr etwas zu. So gewinnt man Mädchen für die Fixe, schoß es Anna durch den Kopf. Der Gedanke verlor sich gleich wieder. Sie nahm es nicht einmal als Beleidigung oder als Drohung, als der Araber ihr zuflüsterte: Ich möchte mit dir schlafen. Der Araber verteilte braune Stückchen. Der Jüngling mit dem Schäferhund und die Freundin aßen nicht mit. Dann ließ der Araber den Joint rundgehen, und Anna zog zum erstenmal richtig daran, wie sie es immer bei den anderen gesehen hatte. Sie sog den Rauch tief ein, hielt ihn lange in der Lunge und stieß ihn langsam wieder aus. Sie nahm mehrere tiefe Züge. Schlagartig überkam sie Panik. Das Zimmer wurde zu eng. Sie mußte raus. Sie brauchte frische Luft. Sie fühlte sich wie in einem Sack gefangen. Sie versuchte aufzustehen. Wie sie zur Tür gekommen war, wußte sie später nicht mehr. Sie wurde ohnmächtig auf dem Weg. Sie wachte auf und lag lang auf dem Boden. Das blonde Mädchen hielt sie links, der Araber rechts. Sie sah vor sich den Schäferhund und den Jüngling. Glaubte, er wäre ein Krankenwagenfahrer. Hatte sie einen Unfall gehabt, hatte sie keine Glieder mehr? Sie klammerte sich an der Hand des Mädchens fest. Das Mädchen war nüchtern, das war das einzige, was sie sicher fühlte. Der Araber sagte mit schmeichelnder Stimme: Du kannst ruhig hier bleiben. Anna flehte die Frau an, ein Taxi zu rufen, sie flüsterte immer wieder Berthas Adresse. Als die Frau zum Telefon ging, hatte Anna Angst, sie könnte nicht wiederkommen und der Araber und der Junge mit dem Hund würden sie überfallen. Sie flüsterte immer wieder: Ich muß hier raus! Die Frau ist durchgedreht, hörte sie den Jüngling sagen. Sie stolperte irgendwie nach draußen, sagte dem Taxifahrer Berthas Adresse. Sie sah Berthas Wohnung erleuchtet. Sie schwankte, fiel durch die geöffnete Tür. Sie klammerte sich an Bertha. Sie weinte endlich, schluchzte. Berthas beruhigende Stimme fragte immer wieder: ist was mit den Kindern? Mit Jürgen? Ist was passiert? Anna konnte nicht sprechen. Bertha sagte später, ihr Gesicht wäre blauweiß gewesen, mit harten Falten. Anna hatte keine faßbaren Erinnerungen. Das Haschisch hatte sie ins Nichts abstürzen lassen. Bilder hatte sie nicht gesehen. So mußte es sein, wenn man starb: so langsam wegschweben. Ein ungeheurer Angstzustand, weil man nicht weiß, wohin es geht. Alles ist eng, man ist in einen Sack geschnürt und sieht immer noch die Welt, wie sie vor den Augen wegschwindet. Man ist nicht hier und nicht dort. Sie wollte nicht mehr sein, und es war schmerzhaft, so nicht mehr sein zu können. Gleichzeitig wünschte sie wie nichts auf der Welt, wieder den Boden unter den Füßen ganz nüchtern spüren zu dürfen. Sie war froh wieder zu sein, als sie wieder bei sich war. Berthas Stimme holte sie langsam, ganz langsam zurück aus der Verstörung. Bertha hielt ihre Hände, streichelte ihr Haar, und Anna nannte sie »meine gute Mutter«. Das half. Sie

war abgefahren und kam langsam wieder zurück. Ihre Züge glätteten sich. Bertha brachte sie nach Haus. »Kann ich dich jetzt allein lassen?« Anna hatte keine Angst mehr, nur einen schlagartigen Heißhunger, sie ging in die Küche und aß Brot wie ein verhungertes Tier. Verstandesgemäß kamen nun wieder die Erklärungen, die Fragen. Ob es Jürgen ebenso ergangen war? Ob er auch, wie sie, das Todnahe im Shitrausch gespürt hatte? Ob er den Tod seines Bruders im Shitrausch nacherlebt hatte? Hatte nicht Benjamin seinen Haschischrausch als »Versuchsanordnung« nur getarnt?
Am nächsten Morgen, als Jürgen und die Kinder fort waren, rief Annas Mutter an: Unsere Oma ist heute vormittag sanft eingeschlafen. Anna erstarrte. »So schläft sie am besten, einmal müssen wir ja alle sterben, hat Großvater gesagt. Da denkt man, es ist schon so lange gegangen, es wird immer weitergehen. Ich habe sie zuletzt im Krankenhaus besucht am Sonntag, heute wollte ich wieder zu ihr mit Großvater. Sie hat ja kaum noch geguckt, hat gar nichts mehr gegessen, hat sich für keine Post mehr interessiert. Großvater sagte immer: Die Post nehme ich nicht mit, sie achtet nicht darauf. Sie war sehr apathisch und gleichgültig, bekam jeden Tag ein Rohr in den After, damit die Luft abging.« – »Hat sie noch von mir gesprochen?« – »Nein. In der letzten Zeit redete sie nur noch von Vater . . . Es ist immer noch zu früh, wenn einer stirbt. Wenn du heute oder morgen kommen willst . . . Wenn du sie nochmal sehen willst . . . Großvater war ja in letzter Zeit ziemlich angebunden. Wenn ich da bin, macht sie die Augen zu, sie will aber, daß ich da bin, sagte er. Als ich die Nachricht vom Krankenhaus kriegte, war ich zufällig zu Haus von der Arbeit. Ich suchte ihre Geburtsurkunde, die Heiratsurkunde, fand sie nicht, war so sehr verwirrt.« Meine Großmutter ist tot, sagte Anna, kommst du mit morgen, sie noch – besuchen? Ich mag keine Leichen, sagte Jürgen. »Ich kenne die Frau doch gar nicht, was soll ich da?« Sie bat ihn mitzukommen, er ließ sich überreden.

Wolfgang Fienhold

Fragmentarische Erinnerungen an einen Ausstieg mit Drogen sind nachfolgend zusammengetragen. Die Angst, in einer Nervenheilanstalt eingeschlossen, tagtäglich immer in Todesnähe zu sein.

Reise ans Ende der Angst

Er stand am Chausseerand und hielt den Daumen in die Luft. Ein Tramper, auf der Landstraße, irgendwo zwischen Darmstadt und Frankfurt.
Ich bremste meinen Wagen sanft ab, in jener Zeit fuhr ich nach durchzechten Nächten besonders vorsichtig, und ließ die langhaarige, bärtige Gestalt im Parka einsteigen. Zweites Semester Soziologie, raucht Haschisch, lebt mit einer ungeschminkten, häßlichen Frau (Pädagogikstudentin) zusammen, sie haben 850 DM Bafög, Orangensafttrinker, einen Touch von Hippienostalgie, und in zehn Jahren ist der Personalchef einer mittleren chemischen Fabrik . . . schossen mir meine Vorurteile durch den Kopf.
Im Laufe der Fahrt, wir hatten bisher kein Wort gewechselt, fragte ich ihn, ob er zufällig AN 1 oder Captagon dabei habe. Wortlos reichte er mir die typische gelbe Pille. Daß er sie in einer Valium-Packung hatte, ließ mich auf einen professionellen Süchtigen schließen; mir war es gleich. Ich wollte an diesem Morgen nur schnellstens einen klaren Kopf bekommen.
In der Nähe des Henninger-Turms verließ mich mein Begleiter unvermittelt an einer roten Ampel. Auch das war mir recht, die paar Meter bis nach Hause – Meter nach Hause? Plötzlich zerfloß das Lenkrad unter meinen Händen, die Ampellichter zerblitzten zu tausend Feuerrädern. Ein vager Gedanke, daß diese Pille niemals AN 1 gewesen sein konnte, erlosch schnell. Mit dem Rest meines klaren Bewußtseins steuerte ich den Wagen auf einen Parkstreifen und stieg aus. Ich versank im Asphalt.
LSD auf Alkohol oder ähnliches, Maiglöckchen, Mimosen, eine Butterblumenwiese – ich fand ein Taxi und kramte meine Adresse aus einem noch funktionierenden Gehirnwinkel.

Ich fiel in ein gewohntes Bett, fand die gewohnte Frau neben mir und war einigermaßen beruhigt.
Als der Morgen dämmerte, wußte ich nicht, ob ich wachgeträumt oder traumgewacht hatte. Die Eindrücke, die Bilder waren zu stark, unbeschreibbar.
Den morgendlichen Einkauf im Supermarkt mußte ich abbrechen, denn ich hatte Angst, Angst vor dem Schinken und den Würstchen, dem Metzger und den Kassiererinnen. Ich fühlte die erstaunten Blicke in meinem Rücken, als ich hinausrannte. Unendlich froh, meine Wohnung wieder erreicht zu haben, stellte ich das Radio ein und ließ mich aufs Bett fallen. Ich begann, Gedichte zu schreiben. Doch die Stimmen im Rundfunk versuchten mir ständig Befehle zu erteilen, und die Worte auf dem Papier sprangen mich an. Hätte ich zu diesem Zeitpunkt gewußt, daß ich auf einem LSD-Trip war – drei bis vier Valium hätten genügt, den Zustand aus der Welt zu schaffen. Ich hörte auf zu schreiben und lauschte nur noch den Befehlen aus dem Rundfunk; mein vermintes Gehirn bekam die ganze Macht der Medien zu spüren, jede Sendung war eigens mit einer Botschaft für mich versehen. Irgendeine Radiobibelstunde – oder war es später im TV der Pfarrer Sommerauer – zwang mich zu einer Tempelreinigung.
Aufgewacht bin ich in der Nervenklinik, der Klapsmühle, dem Irrenhaus, mit Ledermanschetten ans Bett gefesselt. Der erste Gedanke war: Das mußte ja so kommen. Bloß kein Wort vom Rauschgift. Nach zwei Tagen erfolgte das erste Gespräch mit dem »behandelnden Arzt«. Ich versuchte, mich locker zu geben: bin durchgedreht, hatte persönliche Probleme, kann doch jedem mal passieren.
Während der Arzt mit den üblichen Fragen nach den Gründen der Probleme fortfuhr, gab ich irgendwelche Antworten, von denen ich annahm, daß sie mir zwar einen leichten Knacks, aber nichts Ernstes einhandelten.
Meine Angst wuchs zu einer wirklichen faßbaren Furcht, nicht mehr aus dieser Heilanstalt, aus dieser geschlossenen Station herauszukommen; mit Fixern, Bettnässern und

Psychopathen aller Art den Rest meines Daseins fristen zu müssen.
Im Laufe der Zeit (in einer Nervenklinik sind vier Wochen die Ewigkeit) wich meine Furcht einem heimlichen, verheimlichten Lachen. Ich lernte die Verrückten, sie waren es nur zum geringen Teil im Sinne des Wortes, schätzen, ihre Abwehrmaßnahmen verstehen. Eine Bewunderung dafür habe ich mir bis heute, Jahre danach, erhalten. Nur meine damals erfahrene Angst und mein Mißtrauen gegenüber den Insassen in weißen Kitteln kann mir keiner mehr nehmen.

Jutta Richter

Ich habe mich einige Zeit in einer psychiatrischen Abteilung aufgehalten. Ich hatte dort Gelegenheit, viel zu lernen. Unter anderem, daß psychische Störungen gesellschaftliche Ursachen haben. Eine dieser Ursachen ist die Unfähigkeit zur Kommunikation, die durch menschenunwürdige Lebens- und Arbeitsverhältnisse herbeigeführt wird. Weil unsere Psychiatrie in unsere Gesellschaft eingebunden ist, kann sie die Todesangst des Patienten zwar für eine Zeit, u. a. durch Medikamente dämpfen, aber nicht beseitigen. Trotzdem hätten ich und viele andere Patienten ohne »die Schweigestation« und die Begegnung mit den Menschen, die dort arbeiten, diesen Winter nicht überlebt.

Eisschweigen

Daß den Wörtern zu mißtrauen ist, daß, was nicht sofort bewiesen werden kann, nicht gilt, daß jeder auf seine Weise irgendwann tödlich verunglückt, haben sie früh erfahren.
Viel zu früh, um gesund zu bleiben, Widerstandskraft zu entwickeln, Antikörper zu bilden gegen Spannungen, Konflikte und Menschen. Dennoch zählen sie zu den Überlebenden. Man hat sie gefunden, mit einem Krankenschein überwiesen, eingesammelt in einer Klinik, im fünften Stock, hinter Panzerglasscheiben, Fenstern, die nur handbreit geöffnet werden können.
Es gibt für alles Therapien: Heilversuche. Mit schwarzen Buchstaben steht das Wort PSYCHIATRIE über der bruchsicheren Glastür auf einem weißen Schild.
Die Mutmaßungen, daß dort laute Schreie ausgestoßen werden, sind falsch. Richtig ist, daß man dort selten ein lautes Lachen hört. Richtig ist ferner, daß dort die Angst ein Zuhause hat. Hinter jedem gesenkten Blick, hinter jeder Geste, hinter den schlurfenden Schritten auf den langen Gängen. Überall wohnt die Angst.
Ein anderer Ausdruck für Angst: KRANKSEIN. Das Heilverfahren: sich erinnern. Den Ursprung finden. Den Tag, die Stunde, die Minute noch einmal zu erleben, wo die Angst begonnen hat.
Heil werden heißt wahr werden. Denn sie haben ihre Krankheit versteckt, nur deshalb ist sie immer wieder ausgebrochen. In den Wintermonaten zum Beispiel, wo es keine Verstecke gibt, wo sie nicht weglaufen können. Schwimmen gehen oder in Urlaub fahren oder draußen auf dem Balkon sitzen. Das kann man im Sommer. Der Winter hat nur vier Wände in einer Wohnung, die zu eng ist.
Sich erinnern hinter Panzerglas: Der Besitz von scharfen

oder spitzen Gegenständen muß ihrer Sicherheit wegen verboten werden, weil es sonst noch eine Fluchtchance gäbe.
Der Durchbruch zur Wahrheit ist lebensgefährlich. Man kann ihn nicht vorhersehen, nicht planen, nicht berechnen. Es kann Monate dauern, oder Tage.
Zum Beispiel Hannah S. Geboren 1953. Beruf des Vaters: Lehrer. Beruf der Mutter: Sekretärin. Eigener Beruf: . . . Immer wieder gescheitert. Alles begonnen, nichts zu Ende gebracht. Ledig.
Ihre Eltern meinen, daß sie ein fröhliches Kind war. Das zeigt sich im Familienalbum. Auf jedem Foto ein Lachen. Ein blondes Kind mit blauen Augen im Dirndlkleid. Mit einem strahlenden Lachen im Sommer auf der Bank hinter dem Haus. Farbfoto.
Ein Kommunionkind mit Kranz im Haar. Schwarzweiß. Schwarze Lippen, weiße Zähne. Und eine Kerze in der Hand. Frommes Lachen. Geburtstagslachen. Weihnachtslachen. Ferienlachen. Fotos aus der Kindheit. Später gibt es kaum noch Bilder. Klassenfahrt. Abitur. Dann hört das Album auf.
Als man mit einem Nachschlüssel ihre Wohnung öffnete, saß Hannah S. am Fenster, den Kopf in die Hände gestützt. Das Telefon lag auf dem Fußboden, der Hörer war nicht aufgelegt. Auf dem Küchentisch standen Essensreste. Die Wohnung war ungeheizt. Kleine schwarze Fliegen saßen am Rand des geöffneten Marmeladenglases. Die Fliegen kamen aus dem seit Tagen nicht geleerten Abfalleimer. Sie hatten sich trotz der Kälte vermehrt.
Hannah S. saß am Fenster in eine Decke gewickelt. Auf wiederholtes Ansprechen reagierte sie nicht.
Laut Aussage des Hausverwalters war die Polizei bereits am Vortag bei ihm gewesen. Der Anlaß: Ein anonymer Anruf, Hannah S. habe Selbstmordabsichten geäußert, und seit Tagen schon sei ihr Telefon besetzt. Als auch auf mehrfaches Schellen des Hausverwalters niemand öffnete, habe er gemeinsam mit der zuständigen Polizeidienststelle die Wohnungstür aufgeschlossen.

Hannah S. wurde noch am selben Abend in die Psychiatrische Abteilung der örtlichen Klinik eingewiesen. In den fünften Stock. Man entschied dort, ihr vorläufig keine Medikamente zu geben. Immer noch schwieg sie. Die Durchsuchung ihrer Reisetasche fand statt. Eine Nagelfeile und eine Schere wurden sichergestellt.
Das Schweigen der Hannah S. währte drei Tage. Während dieser Zeit verweigerte sie die Nahrungsaufnahme.
»Die Patientin beginnt, das Klavier zu betätigen«, steht am dritten Tag im Sozialbericht.
Sich erinnern hinter Panzerglasscheiben. Nachdem die Sprachlosigkeit gebrochen wurde.
Hannah S. spricht von einem Küchentisch mit einer karierten Tischdecke. Damals als Kind hat sie am Bahndamm gewohnt. Die Züge sind ganz nah am Küchenfenster vorbeigefahren. Ganz nah, ganz regelmäßig. So wie das Pfeifen des Wasserkessels am Morgen, so wie das Zubettgeschicktwerden am Abend, »und vergiß nicht zu beten«, hatte die Mutter immer gesagt.
Der Küchentisch mit der karierten Tischdecke, rotweiß kariert, den sieht sie noch genau vor sich. Drei Holzbrettchen, drei Tassen mit Milch, der Brotkorb, die Butter in der gelben Porzellanschale und ein Teller mit aufgeschnittenen Tomaten. Ein Abend noch vor dem Insbettgeschicktwerden. Der Zug fährt gerade am Küchenfenster vorbei. Das Besteck im Besteckkasten, zweite Schublade von links im weißen Küchenschrank, scheppert.
Der »7 Uhr 19 ist durch«, sagt der Vater. Ob er das wirklich so sagte, ist nicht sicher, meint Hannah S. Sicher ist, daß das Schweigen am anderen Ende des Küchentisches von der Mutter kommt. Eisschweigen hinter zusammengepreßten Lippen, die ganz schmal sind. Mitten im Schweigen sitzt sie, Hannah, das Kind. Und warum sagt die Mutter nichts? Sie könnte doch wenigstens nicken, und die Angst ist da. Hannahs Angst. Bitte nur ein Wort, Mama, denkt sie. »Iß dein Butterbrot«, sagt die Mutter, oder sie sagt, »trödele nicht herum«, so genau kommt keine Erinne-

rung zurück. Auch liegen Jahre zwischen dem Zug und den Sätzen, und Ortswechsel.
Das Würfelmuster der Küchentischdecke umrahmt das Holzbrett mit dem Butterbrot. »Geh jetzt ins Bett und vergiß nicht zu beten.« Hannah steht auf: »Gute Nacht«, obwohl es keine guten Nächte gibt, das hat sie schon damals gewußt, sagt Hannah S. – schon während des Aufstehens vom Stuhl mit den hellhölzernen Armlehnen.
»Der starke Erregungszustand der Patientin macht es unmöglich, das Gespräch fortzusetzen«, steht im Protokoll der Psychologin.
Sich erinnern hinter Panzerglasscheiben.
Als sie bereits im Bett liegt, hört sie die Stimmen ihrer Eltern in der Küche, sagt Hannah S.
Sie steht auf, geht zur geschlossenen Küchentür, lauscht mit angehaltenem Atem, barfuß auf dem kalten Steinfußboden.
Die Mutter schreit: »Dann lasse ich mich scheiden«, und der Vater schreit: »Dann geh doch zum Rechtsanwalt.« Hannah geht auf Zehenspitzen zurück ins Bett. Wo es dunkel war, sagt sie, und warm und weich. Wo man das Kopfkissen in den Arm nehmen konnte und gegen die Ohren pressen, bis es still wurde. Es war keine gute Nacht, sagt Hannah S. Damals hat sie gewußt, daß ihre Mutter sich scheiden lassen würde. – Sie hat gebetet damals. Lieber Gott, mach, daß sie sich nicht scheiden lassen. Drei Tage, drei Wochen, oder drei Monate. Lieber Gott mach, daß sie sich nicht scheiden lassen.
Dann ist die Mutter abends überraschend in Hannahs Zimmer gekommen. »Warum weinst du denn«, hat sie gefragt und den Kosenamen angehängt. »Warum weinst du denn, Spätzchen?« Sie wollte nicht antworten, sagt Hannah S., aber da war der Kosename, und sie konnte sich nicht mehr auf die Unterlippe beißen. »Weil ihr euch scheiden laßt.« Die Mutter lachte. Damals lachte die Mutter einfach. »Du dummes Spätzchen, wir haben uns doch nie scheiden lassen wollen.« Ein Auslachlachen gegen Hannahs Tränen. Und

dumm war sie und umsonst geweint und gebetet und Angst gehabt. Monatelang. Jahrelang. Angst vor etwas, das es gar nicht gibt.
Seitdem ist sie kein Kind mehr gewesen, sagt Hannah S. – seitdem hat sie nie mehr gesagt, warum sie weint. Schritt für Schritt die Scheidung vollzogen, das Alleingelassenwerden.
Die Angst ist nie mehr weggegangen. Das zeigen die Bilder im Familienalbum nicht. Darüber spricht man nicht, und sie kann gar nicht mehr sprechen, wenn diese Angst kommt. Sie kann sich nicht bewegen, sie muß am Fenster sitzen, sie ist gar nicht mehr da, sie weiß nicht, warum der Telefonhörer nicht aufgelegt war, sie weiß nicht, wie sie in diese Klinik gekommen ist, sagt Hannah S., und sie sagt, daß sie am liebsten sterben würde.
Im Entlassungsbericht der Hannah S. steht: »Diagnose: Reaktive Depression. Die Therapie sollte ambulant weitergeführt werden«.

Gerhard Vescovi

Ausgehend vom schrecklichen Erlebnis eines »crash down« befaßt sich mein kleiner Essay mit der akuten Todesangst. Die chronische, vorwiegend endogene Todesangst ist in der Literatur, vor allem in Philosophie und Psychologie weit eher abgehandelt und wissenschaftlich untersucht worden, als das Phänomen der akuten Todesangst bei Unglücksfällen und Katastrophen.

Mit dem Leben entkommen

Mit dumpfer Bangigkeit bestieg ich in New York die Maschine zum Rückflug nach Frankfurt. Es war eine alte viermotorige Maschine, die ein Privatunternehmen für wesentlich verbilligte Charterflüge einsetzte. Im Passagierraum roch es nach Öl und billigem Duftspray, und allein dies ärgerte mich, daß ich der Überredung eines Freundes zu diesem Billigflug nachgegeben und mich einem solchen »Seelenverkäufer« anvertraut hatte. Aber mein Freund in New York, der im Krieg als Pilot stets Viermotorige geflogen hatte, versicherte mir, es gebe kein sichereres Flugzeug als eine Viermotorige, und ich selbst konnte mich an beste Erfahrungen mit unserer alten Ju 52 zurückerinnern. Dennoch empfand ich die Enge der Sitze und das widerliche Geruchsgemisch aus Öl, Duftspray, Körpern und Kleidungsstücken als beklemmend, und ich bekam eine Ahnung, was Klaustrophobie bedeuten mag.

Da ich mich stets voll Sehnsucht an den Aronstab der Lebensfreude und der Lebensgeborgenheit klammere und es schon den ganzen Krieg über als unnatürlich empfunden hatte, Angst, vor allem Todesangst zu verdrängen und eine Heldenpose zu heucheln, überfällt mich bis heute beim Besteigen von Flugzeugen der Gedanke, möglicherweise zu meiner Kremation Platz zu nehmen. So auch diesmal, doch entnahm ich meinem Handgepäck einen Band von Ludwig Feuerbach, den ich in einem Antiquariat erstanden hatte, um gegen die innere und äußere Enge und alle Unruhe um mich herum anzulesen und meine Gedanken zu ordnen. Meine Nebensitzer – ich saß innen am Gang – waren ein zumindest im Augenblick disharmonisches Ehepaar. Sie, außen, in nervöser Unruhe mit Make-up beschäftigt, und er, neben mir, um Lektüre der New York Times bemüht,

sich abkapselnd. Der Zank der beiden entwickelte sich, weil er für die Entfaltung der Zeitung wohl zuviel Raum beanspruchte und sich obendrein ärgerte, daß er ihr den Spiegel halten mußte und dadurch von seiner Lektüre abgehalten wurde.
Ich las bei Feuerbach: »Alle Dinge außer mir sind Zeichen meiner Endlichkeit, Beweis, daß ich kein absolutes Wesen bin, sondern eine sterbliche Person. Zum Wesen der Persönlichkeit des Menschen gehören räumliche und zeitliche Begrenztheit«.

»O du sorgfältig wie zügellos entwickelte und gepflegte abendländische Individualität«, mußte ich, aufgeschreckt durch die Streitigkeit der beiden Individualitäten neben mir, denken! Wie recht hat doch Feuerbach, wenn er eine natürlich begrenzte Lebensdauer moniert und die Unsterblichkeit des Individuums ad absurdum führt. Andererseits kann sich der Mensch trotz seines Wissens um den Tod einen Zustand des Nichtseins seines Ichs nicht vorstellen . . . Zeigt sich diese Tatsache nicht gerade jetzt recht augenfällig, wo zwei Stewardessen das Anlegen der Schwimmwesten erklären und die meisten Passagiere keine Notiz davon nehmen? Kaum jemand rechnet mit dem Eintreten eines Notfalls, damit, daß er sich dieses Ding umlegen, aufblasen und damit ins Wasser springen müßte. Überdies unternimmt die Besatzung der Maschine ständig etwas, um die Fluggäste von Ängsten und ernsten Gedanken abzulenken: Kaugummi und Bonbons werden vor dem Start verteilt, gedämpfte Musik mit Mantovani, nur kurz unterbrochen beim Start, und alsbald nach Erreichung der Flughöhe ein Drink, die Ankündigung eines Essens . . . Kauen als Gegenarbeit zur Angst, denn »beim Menschen verlangt die Ruhelage des Gehirns, daß der Unterkiefer sich bewege«, wie schon Diderot wußte. Kauen und Rauchen als unbewußte Aktivitäten zur Befreiung aus einer Enge, die nicht Angst sein will.

»Die Menschen bedürfen der Götter, von denen ihre Existenz abhängt . . . Diese Abhängigkeit ihrer Existenz, ihres Schicksals von den Göttern ist der Grund der Religion . . .« So lese ich bei Feuerbach und überlege mir, wie viele um mich herum wohl vor dem Start in der Stille gebetet haben?

»Wenn man die Religion aus der Furcht erklärt«, sagt Feuerbach, »so muß man die unendliche Furcht des menschlichen Gemütes vor Augen haben . . . Ewig währt der Himmel der Liebe, aber ewig währt auch die Hölle der Furcht . . . Die Liebe hat den ersten, die Furcht aber den jüngsten Tag der Welt erschaffen . . .«

Mit welcher Schärfe logischen Denkens doch Feuerbach der Aufklärung zum Sieg verhelfen wollte! Aber ich sehe hier in der Maschine einige amerikanische Soldaten Amulette auf der Brust tragen. Das Irrationale ist trotz allem Glanz der Aufklärung allmächtig und allgegenwärtig im Menschen geblieben. Was tut's, wenn sich Feuerbach über den naiven christlichen Dichter Triller lustig macht und dessen simple Gedanken und Verse als »geistlichen Triller« apostrophiert?

»Mensch geh in dich und denk zurücke,
Wie gar so manchem Ungelücke
Du allenthalben offenstehst
Und bald vergehst.

Du wirst zwar nur durch eine Gassen
In dieses Leben eingelassen,
Hingegen stehn zum Tode dir
Viel tausend für.«

Wir mochten eine Stunde geflogen sein, als die Maschine plötzlich ruckelte und leicht absackte und das Motorengeräusch abnahm. Die Musik im Lautsprecher setzte aus, das

Flugpersonal wurde zum Cockpit gerufen. Unruhe verbreitete sich. Zwei Motoren setzten aus, wie Fluggäste beobachten konnten. Viele sprangen auf, um durch die Fenster hinauszusehen. Da verkündete der Flugkapitän, wir würden wegen Motorenausfall wenden und nach New York zurückfliegen. Vorsorglich sollten die Schwimmwesten angelegt werden. Das Personal werde behilflich sein. Ruhe und Besonnenheit seien jetzt wichtig.

Schreck in vielen blassen Gesichtern, Angstschweiß, weite Pupillen, da und dort ein leichtes Zittern, vielfach ein hektisches Aufspringen und ein oft kopfloses Gewurstel mit den Schwimmwesten, und einzelne wie gelähmt, erstarrt in ihrem Sitz . . . Eine aufgeregte Stimme beklagt das Fehlen einer Schwimmweste, ein Soldat als Possenreißer mit der lauten Beruhigung: »Nur keine Angst, wir landen schon sicher auf dem Wasser, wo uns ein Flugzeugträger erwartet!« Hinter mir eine laut betende Frau. Immer häufiger ein ruckartiges Absacken der Maschine, das ins Gedärme fährt. Und schon beginnen einige, sich zu erbrechen. Meinem Nebensitzer gelingt Galgenhumor: »Oh, I feel, we're going downstairs to pay a visit to the Royal Navy.« Er wischt Angstschweiß aus dem Gesicht seiner entsetzt starrenden Frau. Ich fröstle und zittere leicht beim Anlegen der Schwimmweste. Meine Gedanken sind mit Sandkastenspielen beschäftigt, bei denen die Möglichkeiten der Notlandung im Atlantik in Vorstellungen ablaufen, denen aber eines gemeinsam ist: Das Schreckliche wird ausgeklammert zugunsten verschiedener Chancen. Aber Angst vor dem Tode ist ein so elementarer Vorgang, daß meine Hoffnungen umschlagen in Flehen und Gebet. »Du gütiger Gott, du hast mich doch tausendmal schon im Krieg am Tod vorbeigehen lassen! Jetzt so schrecklich umkommen? Du hast doch sicher noch etwas vor mit mir? Schenke uns doch einen Weg der Rettung!« So betet es in mir, während mich ein Getümmel panischer Angst umgibt mit Schluchzen, Weinen, vereinzelt auch grimmigen Flüchen, während die

Maschine immer tiefer sackt. Irgendwer setzt die Nachricht in Umlauf, es arbeite jetzt nur noch ein Motor, die anderen drei seien ausgefallen. Endlich harte Gewißheit aus dem Lautsprecher: Wir werden auf dem Meer landen in unmittelbarer Nähe zweier Schiffe, die über Funk von der Notlandung wissen und Rettungsboote aussetzen, um die Flugpassagiere an Bord zu übernehmen. Die See sei ruhig. Das Personal werde die Schlauchboote an Bord der Maschine nach der Landung aussetzen und beim Besetzen der Rettungsboote behilflich sein. Ruhe und Besonnenheit und gegenseitige Hilfe seien nun am wichtigsten.

Ich bemerke einen Notausgang in der Reihe vor mir und beginne, meine Muskulatur nacheinander anzuspannen und zu prüfen. Schwimmen könnte ich ausgezeichnet, aber wenn Haifische in der Gegend waren? Ein schrecklicher Gedanke.

Meine Nachbarn hielten sich umschlungen, als gelte es Abschied zu nehmen. O wie tröstlich, in solcher Angst und Not nicht allein zu sein! Mir blieb nur der gütige Gott als Gesprächspartner, Er, dessen personale Existenz Feuerbach mit so scharfer Logik als ein Phantasiegebilde der Menschen bezeichnet hatte. O diese Magier der Logik bis zurück zu Epikur, die Todesangst kurzerhand im Trick-Zylinder vordergründiger Logik verschwinden lassen! Der Tod sei nicht zu fürchten, denn entweder sei er noch nicht da, oder man sei bereits tot und brauche sich dann erst recht nicht mehr zu fürchten . . . Aber welche Schmerzen und Leiden begleiten mich beim Sterben? Das scheint es doch zu sein, was wir alle fürchten. Und die vorweg empfundene Trauer um das eigene Ende, das vorweg genommene Requiem für sich selbst, für das Vergehen einer Existenz, die bei letzter Betrachtung doch neben der Identität von Person und Leben so viele Freuden und Annehmlichkeiten zu umfangen scheint . . .

Jetzt waren wir so tief nach unten geglitten, daß man die glitzernde Fläche des Meeres in der Abendsonne sah. Jemand bemerkte zwei größere Schiffe unter uns. Da kam das Kommando, sich festzuschnallen zur Landung und sich auf dem Sitz mit angespannten Muskeln nach vorn zu beugen. Jemand fragte allen Ernstes, was mit unserem Gepäck geschehe? »Das wird von Froschmännern abgeholt«, flachste einer. Aber nun schoß das Meer immer schneller auf uns zu und mitten in ein Gebet, das mich mit Gott und meinen Lieben verband, die Ankündigung des Kapitäns: »Attention please!« Dann mehrere dumpfe Schläge und höchste Angst, als würde die Maschine bei ihren Aufschlägen auf dem Wasser auseinanderbersten . . . Gurte hielten geworfene und geschüttelte Körper am Sitz fest. Schreie des Entsetzens und Hilferufe . . . Es setzte Stauchungen ab. Aber die Maschine blieb trotz aller Schaukelei über dem Wasser und kam auch zuletzt in eine Ruhelage mit Schlagseite. Rufe des Personals, die in allgemeinem Tumult untergingen. Notausgänge wurden vorzeitig aufgerissen und einige, die das Wassern der Rettungsboote in ihrer Panik nicht abwarten konnten, sprangen schreiend ins Wasser. Hilferufe, ein ungeordnetes Gedränge und Geschiebe, da alle das Versinken der Maschine befürchteten und hinausdrängten. Mit meinen Nebensitzern wurde ich zu einem der Ausgänge gedrückt, wobei ich dem Mann half, seine vor Schreck bewußtlose Frau zum Ausstieg zu schleppen. Die Maschine schaukelte wie ein Boot auf dem Meer. Unweit ein Schiff und mehrere Boote, die unsere Maschine anruderten und schon sehr nahe waren. Aber es war schwierig, von der Höhe der Ausgänge hinunter in die Rettungsboote unserer Maschine zu springen. Mehrere sprangen daneben und versuchten dann schwimmend in die Boote zu gelangen. An meinem Ausgang ein katholischer Geistlicher mit langer Soutane und Schwimmweste, der den Ausstieg dirigierte. Er strahlte Besonnenheit und eine Ruhe aus, die ich in dieser Situation geradezu als gottgesandt empfand. Erfolgreich mühte er sich, die Frau meines Nebensitzers in ein Rettungsboot zu hieven, das schon ziemlich voll besetzt war. Ein weiteres Schlauchboot wurde zu Wasser gelassen, und der Gottesmann sperrte den Ausstieg für uns Männer, um erst zwei Frauen und ein Mädchen ins Boot zu bringen. Die Maschine zeigte starke Schlagseite. Wie lange würde sie sich noch über Wasser halten? Angst schnürte mir Brust und Kehle, da der Geistliche mich ständig als seinen Gehilfen einspannte, mir die gleiche Todesverachtung abverlangte, die er selbst besaß. Endlich sprang ich in ein Boot, stürzte dabei unglücklich und brach mir beim Abstützen einen Finger. Aber der schreckliche Schmerz und mein befreiender Schrei gingen im Getümmel unter. Entsetzliche Schreie der Todesangst kündeten das beginnende Sinken der Maschine, in die immer mehr Wasser eindrang. Unser Boot stieß etwas ab. Da bemerkte ich eben noch, wie der Geistliche in gewaltigem Sprung aus der Höhe mit wie zu einem Fallschirm geblähter Soutane in unser Boot und auf mich herabsprang. Dann verlor ich nach einem dumpfen Schlag das Bewußtsein, denn der Pfarrer war mit voller Wucht auf mich aufgeschlagen.

Im Sanitätsraum eines dänischen Schiffes erwachte ich mit schrecklichen Kopfschmerzen aus Bewußtlosigkeit und Angstträumen mit wilden Szenen, in denen ich immer wieder mit stockendem Atem und stillstehendem Herz schweißgebadet in tödliche Tiefen gestürzt war, wobei ich immer wieder die luftgeblähte Soutane des Pfarrers aus dem Himmel auf mich niederstürzen sah. Aber ich schien jetzt neben der Welt zu existieren, nicht mehr in ihr, weshalb mir alle die Gefahren zuletzt nichts mehr anhaben konnten. Der Geistliche saß blaß, aber lächelnd an meiner Liege und legte mir kühlende Kompressen auf die Stirn.

Später, in Phasen intensiven Nachdenkens über dieses Unglück, dem ich nach Todesangst und Verletzung entkommen war, fand ich allmählich zu Distanz und einer zunehmenden Intellektualisierung des Geschehens. Dennoch scheint mir Todesangst in persönlicher Erfahrung als eines der profundesten Erlebnisse mit komplexer seelisch-körperlicher Höchstleistung und als Gipfelpunkt individuellen Erlebens. Gewiß hat man die physischen und psychischen Reaktionen eines Menschen in Todesangst wiederholt beschrieben und dabei die Symptome eines höchstgradigen Sympathicotonus, eines Gipfels aller Leistungsfunktionen hervorgehoben, so auch den erhöhten Blutdruck, die beschleunigte Herzaktion, die Ausschüttung des »Leistungshormons« Adrenalin und vieles mehr. Aber zwischen solcher wissenschaftlicher Beschreibung von Symptomen und dem subjektiven Erlebnis der Todesangst liegt doch eine riesige Zone psychischer und transzendentaler Dimensionen, über die wir nur weniges wissen und über die wir bislang nur spekulativen Gedanken in der Psychologie und Philosophie begegnen. Gewiß muß zwischen akuter Todesangst, wie sie ein Unglücksfall oder schwere Krankheit auslösen, und chronischer, meist endogener Todesangst unterschieden werden. Daß akute Todesangst ein psychophysisches Alarmsyndrom mit Hochleistungsbereitschaft von Körper und Seele auslöst, läßt sie eigentlich als ein lebenerhaltendes Reaktionsmuster erscheinen. Erfahrene Ärzte wissen auch, daß Todesangst gleichsam einen Indikator für noch vorhandenes Lebenspotential darstellt und daß die lebenerhaltenden seelischen Kräfte, die dem biologischen Verfall Widerstand zu leisten vermögen, als geschwächt gelten können, wenn ein Mensch in lebensbedrohender Situation keine Todesangst empfindet.

Todesangst schließt, wenn ich eigenes Erleben bei der Flugzeugkatastrophe nun aus der Distanz nachempfinde und zu analysieren versuche, in einer der vielen Erlebnisschichten auch ein gehöriges Stück tiefer Lust mit ein. In der Sprache der Psychologie läßt sich die verborgene Lust der Todesangst als maximale Individuation und biographischer Höhepunkt des Ichs definieren. Neben dem Abgrund, in den das Ich mit dem Schauder des Vergehenmüssens hinabblickt, erlebt das Ich zugleich auch die Höhe seiner erreichten Entwicklung, und der zu befürchtende Abstieg in das Ende der individuellen Lebensgeschichte, ins Vergehen des Ich, wird als Erlebnis eines titanischen Schicksals von Stolz begleitet, der jenes Quantum Trotz und Blasphemie beinhaltet, das nach Aussage der griechischen Mythologie den aus dem Blut der Titanen geschaffenen Menschen bis heute verblieben ist.

Diese unterschwellige titanische Lustkomponente in der Legierung des Erlebniskomplexes »Todesangst« meinte ich gerade bei dem Geistlichen empfunden zu haben, wie er so tapfer und über seine und unser aller Todesangst hinauswachsend allen anderen zur Rettung verhalf und als letzter mit einem tollkühnen Satz ins bereits abstoßende Rettungsboot sprang. Aber der Geistliche war auch zugleich derjenige, welcher die Feuerbach'sche Ansicht zu widerlegen schien, daß nämlich nur die Angst und das Gefühl der Abhängigkeit der Menschen vom Schicksal und den Göttern der Hauptgrund der Entstehung der Religion sei. Talisman und Amulett – an Handgelenken und auf der Brust getragen – ließen sich im Augenblick der Todesangst nicht mit dem stärkenden und bewahrenden Einfluß des priesterlichen Gebets und einer sich daraus entwickelnden souveränen Haltung vergleichen. Gleichwohl scheint es doch so zu sein, daß die meisten Menschen in der Ausnahmesituation mit Todesangst Kräfte im irrationalen Bereich des Lebens suchen und entwickeln, um ihre Existenz zu retten, und daß die rationalen Funktionen des Großhirns – nach einer verschieden starken und verschieden lange währenden Paralyse infolge Übernahme des »Kommandos« durch das die vitalen Bereiche regelnde Stammhirn – schließlich doch für sinnvolles Verhalten eine wichtige Rolle übernehmen. Daß dabei Menschen mit Erfahrungen in lebensbedrohlichen Situationen und bereits angelegten und im Großhirn abrufbaren, zweckmäßigen Verhaltensmustern einen Vorteil gegenüber denen besitzen, die erstmals einer Todesgefahr ausgesetzt sind, ist erwiesen.

Und so wird gewiß ein Mensch, der sich immer wieder mit dem Phänomen des Todes befaßt und das »memento mori« als wichtigen Teil der Lebenskunst erkennt und in seinem Verhalten beherzigt, ein wenig besser mit der Todesangst zurechtkommen als ein anderer, der jeden Gedanken an den Tod und seine Endlichkeit verdrängt. Der Todesangst jedoch ausschließlich rational begegnen zu wollen, wie es den Idealisten der Aufklärung, Ludwig Feuerbach als historische Person mit eingeschlossen, vorschwebt, hieße nichts anderes, als die Suppe mit einem scharfen Messer essen zu wollen.

Hadayatullah Hübsch

Gefängnis in Almeria/Spanien, 1969 AD. Die Guarda Civil hat einen Hippie aufgegriffen. Der Langhaarige weiß, was ihm blüht. Haschisch in den Taschen, LSD im Kopf. Seit Tagen schon ist er verzweifelt und halb verrückt, von Drogen verseucht, durch Spaniens Straßen gewankt. Ohne Nahrung, nur mit diesem Wahnsinnszeug im Leib. Als ihn der Polizist in ein stockdunkles Verließ stößt, ist er mit seinen Nerven am Ende. Ein tierischer Schrei kommt aus seiner Kehle. Das ist das Ende, vermag er noch zu denken. Das unsichtbare Gewürm wird ihn jetzt bei lebendem Leib verzehren. Zum Tode verurteilt. Der junge Mann, den diese Todesangst ins Irrenhaus brachte, hieß Paul-Gerhard (»Pidshi«) Hübsch. Ein knappes Jahr später sollte er als Hadayatullah (»Der von Gott Geleitete«) seine Auferstehung als Muslim feiern. Hadayatullah, das bin ich.

Todesangst befällt mich, und die Sudanesen lachen

I

«Und Wir sandten Moses die Offenbarung: ›Führe Meine Diener hinweg bei Nacht und schlage ihnen einen trockenen Pfad durch das Meer. Du wirst nicht fürchten, eingeholt zu werden, noch wirst du sonst irgendeine Furcht haben müssen.«

Allah im Heiligen Quran, Sura 20:78

»Der Bedford prescht los, brettert über die Wellblechpiste nach Westen und hüllt sich wie die Landschaft in braungelben Staub. Meine Finger krallen sich in die groben Winkelträger des Eisengitters, die Oberkante der Rückklappe hämmert in ungleichem Rhythmus gegen meinen Steiß, jede Kurve droht mich über Bord zu schleudern. Todesangst befällt mich, und die Sudanesen lachen.«

Bernhard Streck in »Frankfurter Allgemeine Zeitung«, Reiseblatt, 26. 10. 78

Todesangst ist das plötzliche Erkennen einer Realität, die man vorher nicht wahrhaben wollte: der Realität, daß wir sterblich sind. Was aber heißt das wirklich: sterblich sein? Es ist die Empfindung, eines Tages womöglich einmal nicht mehr so zu sein, wie wir es uns denken können. Todesangst ist so die Erfahrung von der Möglichkeit einer Erfahrung, deren Dimension wir kaum ahnen können und auch meist nicht ahnen wollen. Es ist somit die Ungewißheit über ein Danach, das jenseits der herrschenden, subjektiven Vorstellung von Leben besteht. In Wirklichkeit aber ein Entrinnen vor der Illusion. Eine Feststellung, daß wir sind, wie wir sein werden: verletzlich. Diese Hier & Jetzt-Erlebnisse sind in der Erfahrung der Angst stärker verwurzelt, als im Glück. Glück, im herkömmlichen Sinne, lullt zunächst ein, es betäubt. Angst weckt, wirft ins kalte Wasser. Todesangst ist die Angst, etwas aufgeben zu müssen, das wir sicher glauben: uns. Oder sie ist das Heilmittel für unsere Schwankungen, das, was uns zurückführen kann auf die Ebene der Beruhigung: Es ist noch nicht so weit, wer weiß, daß wir dahin gelangen. Im Grunde verhalten wir uns wie der Esel, der bei einer Überschwemmung im Wasser unterzugehen droht und ruft: Hilfe, die Welt geht unter. Sein Trost liegt darin, daß er sich nicht alleine vernichtet fühlt. Unsere Selbstberuhigung ähnelt seiner Überschätzung. Wir ahnen, daß es Tod geben muß. Die Angst vor ihm, ob wir sie überspielen oder uns vergegenwärtigen, dient als Mittel, uns am Leben zu halten. In dem Balance-Akt zwischen Hoffnung und Furcht stehen wir auf der Seite der Illusion, beides sei unser Diener. Erst im Moment der Erfahrung werden wir geschüttelt. Wer dann aufwacht, wird die Angst entwickeln, keine Angst mehr haben zu dürfen. Wer aber weiß, daß er keine Angst zu haben braucht, wer gewiß ist, in der Überzeugung stirbt, daß er lebend stirbt, sterbend lebt, der hat nicht den Tod überwunden, sondern ihn in sich, sich in ihm. Von diesen Erfahrungen soll die Rede sein.

II

> »Jedes Lebewesen soll den Tod kosten; und Wir stellen euch auf die Probe mit Bösem und Gutem als eine Prüfung; und zu Uns sollt ihr zurückgebracht werden.«
> Quran 21:36

Wie und warum entsteht Todesangst? Sie muß uns in Wirklichkeit von jenem Leben berichten, das dann erlebt wird, wenn wir ihrer ledig sind. Wenn wir sie durchlaufen haben, überwunden auch. Oder: Wenn wir in ihrem Jenseits sind: auf der Ebene, die wir Tot-Sein nennen. Daß wir die Ahnung vom Leben nach dem Tode in uns tragen, läßt sich auch durch Experimente mit unserer Psyche erfahren. Auch logisch werden wir zu Schlußfolgerungen kommen müssen, die uns die Irrealität der Angst vor einer möglichen neuen Stufe unseres Daseins bewußtmachen können.

Zum Beispiel: Ich fürchte den Tod, Weil ich ihn nicht kenne. Das stimmt nicht. Ich kenne den Tod. Er begegnet mir im Sterben der anderen. Er kennzeichnet vordergründig das Erlöschen von dem Hin- und Hergehen zwischen Freude und Leiden, die wir »überleben« nennen müßten. Er widerfährt uns aber auch, wenn wir uns weigern, das Leben so fortzusetzen, wie es uns als Konsumartikel angeboten wird. Wenn wir uns dagegen wehren, die neue Mode mitzumachen, sterben wir einen Tod im kleinen: Wir ziehen den Karren, der in diese Moderne führt, nicht weiter. Wir verharren und werden dadurch. Fühlen uns stolz und froh, danach: Wir haben bewiesen, daß Verzicht unter Umständen innerlich weiterbringt als Genuß. Dieses Sterben ist ein zielstrebiges Vernichten von vordergründiger Freude. Es ist Einsicht in die Vollkommenheit des Todes, der nach einer Phase des Schmerzes die Erfüllung durch seelische Stärke mit sich bringt. »Denn im Tod nur liegt mein Leben«, sang der islamische Mystiker Al-Halladsch. Er lebte von der Kunst des Sterbens, der *ars moriendi*, den Tod, *Fana* genannt. Das aber geschieht durch die Preisgabe des Egos, die Überwindung dessen, was uns anhaften läßt. In diesem Tod liegt ein Leben, das jenseits der Vorstellung von Leben wirkt, die wir von uns umgebenden Medien meist vorgetragen und angepriesen erhalten. Todesangst wäre hier Lebensangst. Die Lust, die unbekannte Region dieses Sterbens zu entdecken, wäre wahre Freude. Andererseits gibt es den Verzicht, der schmerzt. Den Tod, von dem wir nicht einsehen wollen, daß er notwendig ist, obwohl er geschieht. Die Suche nach einem Objekt mag darin münden, daß uns ein anderer Gegenstand unserer Liebe genommen wird. Wer hier keinen Halt kennt, wird fortgespült von seiner Leidenschaft, an etwas festhalten zu müssen, dessen Reize er genießen gelernt hat. Der Kranke, der nach Rosenwasser lechzt, wird sich vor bitterer Medizin fürchten. Dennoch mag sie ihn heilen und das, was er ersehnt, töten. Tod ist dann der Zwiespalt zwischen Leben, das Tod ist, und Leben, das tötet: Ist aber das wirkliches

Leben, was uns erklärt, daß ich den Tod fürchten muß, nur weil ich ihn nicht kenne? Wiewohl ich ihn ja kenne, verharre ich bei der Ansicht, daß ich mich lieben, ihn aber verabscheuen und bekämpfen muß. Wenn diese Angst darin begründet liegt, daß ich es wirklich mit einer Aufgabe zu tun habe, die, falls ich sie nicht zu Ende verrichte, das Leben nach dem Tode höllisch gestalten könnte, ist sie nützlich. Sonst aber beruht sie auf einer Feindschaft gegenüber der Möglichkeit, es könne ein Leben nach dem Tode geben, dem ich aufgrund meiner Handlungen nicht gewachsen sein würde.

III

> »Wie könnt ihr Allah verleugnen? Ihr waret doch ohne Leben, und Er gab euch Leben, und dann wird Er euch sterben lassen, dann euch dem Leben wiedergeben, und ihr kehrt dann zu Ihm zurück.« (2:29)

Wer Angst vor dem Tode hat, weil er überzeugt ist, daß es kein Leben nach dem Tode gibt und sein Tod die Auslöschung seiner Hoffnungen und Glücksempfindungen mit sich bringen würde, bekennt nur, daß er nicht zu leben wagt. Denn Leben kann sich erst dann völlig seiner Bedeutung und Bestimmung entsprechend entfalten, wenn es seinen Gegenspieler, den Tod oder die Angst vor ihm, überwunden hat. Wer darunter leidet, den Tod fürchten zu müssen, leidet unter der Angst, im Leben zu entdecken, daß Leben in Wirklichkeit (einer Wirklichkeit, die eine Intensivierung von Glücksempfindungen, eine Verringerung von Leiden bedeutet) anders ist, als er es sich vorstellt. Eingespielt auf ein Spiel, begreift er dessen Aufhebung durch etwas Neues als Gefahr. Seine Angst ist die Freude an der Illusion. Seine Hoffnung ist die Aufrechterhaltung der Fata Morgana. Leben muß erkennen, erfahren wollen, auch auf die Gefahr hin, zu unterliegen. Gerade das Wagnis, auf das Altbekannte zu verzichten und anderes zu erforschen, bringt die Veränderung, den Genuß. Wir aber sagen: Was der Bauer nicht kennt, das frißt er nicht. In diesem Genießen findet eine Erweiterung von Bewußtsein statt, deren Folge die Erkenntnis des Todes im Leben sein müßte. Überzeugung aber ist auch die Sicherheit, weiterzugehen. Es ist nicht das törichte Verhalten, das Todesmut mit einer Feigheit verwechselt, die sich nur in der Verzweiflung der Selbstvernichtung jenen gleichgestellt fühlt, die sie fürchtet und im Grunde angreift. Denn die Rache (wie der gespielte Gleichmut) des Selbstmordes ist das Gegenteil von Todesmut. Todesmut kennt die Gefahr. Aber er überwindet, weil er vom Sieg, den er erwartet und erhofft, Sicherheit gewinnt. Fürchte ich den Tod, weil ich davon überzeugt bin, daß es ein Leben nach dem Tode gibt, habe ich die Chance, so zu überleben, daß ich letztlich todesmutig auch die Furcht vor einer Niederlage überwinde. Furcht heißt ja einmal, womöglich zu verlieren, was ich zu gewinnen erhoffe; ein besseres Leben. Andererseits kennt sie womöglich das schlechte Gewissen, das uns eindringlich davor warnt, vorzeitig zu sterben. Zudem ermahnt es uns gerade vorzeitig zu »sterben«, das Leben also hinauszuschieben. Zunächst einmal, soweit das Bewußtsein trügt. Denn Paradies, wie wir es uns dann ersehnen, kennt nur die Überflutung mit Reizen. Den Selbstbetrug. Die Angst, die er erzeugt, zwingt uns, den Tod fernhalten zu wollen. Dadurch werden wir womöglich angehalten, uns weiter mit ihm und uns zu beschäftigen. Oder wir verdrängen und landen bei einer Scheinphilosophie: Der Tod bringt nichts Besseres für mich, da ich weiß, daß mein Leben hier den Bedingungen zuwider läuft, die er mit sich führt. Warum lehrt er mich nicht, mich ihm gemäß zu verhalten? Wer dieses Leben ohne zu sterben genießen will, betrügt sich um seinen Genuß. Denn allein Verfeinerung, und das heißt: Verzicht, überwindet, gesetzt den Fall, wir lernen uns dabei kennen. Dann erfahren wir die Anhaftung, die uns abhängig und damit unfähig macht, mehr zu empfinden, als Vernebelung der Sinne. Ob ich den Tod fürchte, weil ich ihm Glauben schenke, oder deswegen, weil ich ihn nicht ernst nehme, es hat beides etwas mit dem Gewissen zu tun.

Ihm zufolge können wir uns ändern, oder in tieferer Täuschung weiterlügen. Gewissen aber, so sagt der Quran, ist ein Beweis dafür, daß Gott existiert. Ihm nämlich verdanken wir die Fähigkeit, uns zu erkennen, ohne in Fallen des Außen oder Innen zu stolpern. ICH FÜRCHTE DEN TOD, WEIL ICH IHN KENNE.

IV

»Und wie kannst du wissen, daß die ›Stunde‹ (des Untergangs) nahe ist? Diejenigen, die nicht an sie glauben, wünschen sie zu beschleunigen; die aber, die glauben, sind in Furcht vor ihr und wissen, daß es die Wahrheit ist.« (41:18,19)

Todesangst mag umschlagen in Todesverachtung. Der Reiz der Gefahr zu sterben wird dann zum Lebenselexier. Der Tod zum Abenteuer, in das man unvorbereitet hineinzugehen wagt. Die Angst vor der Einübung in die Pflicht des Alltags weicht der Eingewöhnung in den Wahn, über Tod und Leben erhaben zu sein. Die Gebiete, die so erforscht werden, gleichen verbrannter Erde. Sie werden betreten mit der Gier, gegebenenfalls am Genuß zu ersticken. Lebensüberdruß aus Gier nach Leben. Diese Furchtlosigkeit ist Unvernunft. Sie unterliegt der Maßlosigkeit. Fürchte ich aber, weil ich den Tod kenne, fürchte ich, meine Art zu leben könne den Ansprüchen des Lebens, wie es sich erschließt, wenn ich mich überlebe, nicht genügen. Ich fürchte zu Recht, daß meine Anstrengungen, mit Gaben, die ich erhielt, entsprechend gerecht umzugehen, ihrem Potential nicht entsprechen. Daß so, zu langsam fortschreitend, Fähigkeiten unzureichend zur Wirksamkeit gebracht werden, daß Schlußfolgerungen unbefriedigend waren, wenn sich ihre Wirklichkeit herausstellt. Wer nicht resigniert, der tut es dann deswegen, weil ihn die Hoffnung, wieder oder überhaupt Tritt zu fassen auf jener fließenden Bahn, die der Zeit und dem Raum angemessen ist, ebenso stärkt wie die Furcht, durch Aufgabe der Arbeit den Prozeß des Versagens endgültig in Verlust münden zu lassen. Angst ist so auch eine Prüfung. Sie befähigt uns, sie zu überwinden. Eine Furchtlosigkeit, die fürchtet. Eine Angst, die den ängstigt, der sie nicht hat. Diese Todesangst kennt den Verzicht auf Leben. Sie kennt den Verurteilten, der nach seinem letzten Wunsch befragt, darum bittet, als erster vor seinen Leidensgefährten sterben zu dürfen, da eine Sekunde im Diesseits besser sei als ein Jahrtausend im Jenseits. Dieser Heilige opfert aus Liebe, er stirbt im Sterben. Der so das Herz des Richters übermannt und die Freilassung seiner Gefährten und seines Selbst erreicht, er leugnet nicht die Schönheit der neuen Dimension des Lebens nach dem Tode, aber er kennt ihre Bedingungen. Diese Todesfurcht korrespondiert jener des Heiligen, der das Gesetz der Welt, das das ihm zugrundeliegende Gesetz seiner Entstehung und Wirkung nicht kennt, überwindet, indem er es mit seinen Waffen schlägt: »Ihr müßt mir gehorchen, sagt der Herrscher. Wer immer diese Stadt betreten möchte, muß die Wahrheit sagen. Wer es nicht tut, wird gehängt. Der Heilige tritt als erster vor: Ich gehe zu diesem Galgen, um dort gehängt zu werden, sagt er. Hätte er die Wahrheit gesagt, könnte er nicht getötet werden. Hätte er gelogen, müßte er gehängt werden, was seine ›Lüge‹ wahr machen würde.« Solcher Todesmut entsteht, weil ich den Tod nicht fürchte, da ich ihn fürchte: »Wenn du nicht sofort einen Beweis dafür bringst, daß du heilig bist, sagt der König, wirst du gehängt. Ich sehe, sagt der Heilige, goldene Vögel durch die Luft fliegen, ungeheure Schätze im Innern der Berge, Geister und Engel. Oh, wie bringst du das nur fertig, solche Dinge zu sehen? Wundert sich der König, froh, einen Heiligen bei sich zu haben. Alles, was du dazu brauchst, ist Todesfurcht, sagt der Heilige.« Und meint auch die Furcht vor jener Bestrafung, die in der Ferne Gottes besteht. Der König indes geht leichtfertig um mit der Angst vor dem Tode. ICH FÜRCHTE DEN TOD NICHT, WEIL ICH IHN NICHT KENNE.

V

»Und sie sprechen: ›Es gibt nichts als dies unser Leben hinieden; wir sterben und wir leben, und nichts als die Zeit vernichtet uns.‹ Jedoch, sie haben kein Wissen davon; sie vermuten bloß.« (45:25)

Den Tod zu verleugnen, ist Unwissen. Die Illusion des Lebens, das den Tod verdrängt, ist ein Tod, der nicht lebendig ist. Es gleicht der Blase, die ständig aufs neue gefüllt wird mit Unreinem, die allein daran Gefallen findet, ihre Funktion auszuüben. Erst aber der, der überschreitet, der über die Dimension des Erkannten hinausgeht, bleibt in der Möglichkeit, sich zu werden. Mehr als ein Wachsen ist uns durch das Wachsen gegeben. Die Tatsache, daß wir als Kinder geboren werden, zeigt, wie sehr wir in unserer Entwicklung bleiben müssen. Stehenzubleiben heißt, sich zu verlieren, ohne zu finden. Wenn ich den Tod nicht kenne, verliere ich. Wenn ich den Tod nicht kenne, weil ich ihn gekannt habe, habe ich mich verloren, das heißt, ich wurde. Der Draufgänger, der Spieler kennt den Tod nicht, aber er kennt auch nur das Leben, das den Tod nicht wahrhaben will. Diese Seite des Lebens vernichtet, weil der Tod ist. Der Heilige ist sich bewußt, er kennt den Tod nicht, weil er ihn nicht mehr zu kennen braucht. Das heißt nicht, daß er ihn übersieht. Er weiß um ihn, aber er hat sich und ihn überwunden. ICH FÜRCHTE DEN TOD NICHT, WEIL ICH IHN KENNE.

VI

»Ein Gleichnis von dem Paradiese, den Rechtschaffenen verheißen: Darin sind Ströme von Wasser, das nicht verdirbt, und Ströme von Milch, deren Geschmack sich nicht ändert, und Ströme von Wein, köstlich für den Trinkenden, und Ströme geläuterten Honigs. Und darin werden sie Früchte aller Art haben und Vergebung von ihrem Herrn.« (47:16)

Todesangst: Halbwissen, Halbglauben und Heuchelei einerseits. Andererseits Furcht vor der Angst, Angst vor dem Verlust der Furcht, Furcht vor dem Verlust der Liebe, die durch Furcht vor ihrem Verlust wächst. Diese zwei Ebenen treiben auseinander. In ihrer Kluft schweben wir. Eine Todesfurcht, die in Wirklichkeit Gottesfurcht ist. Furcht vor der Ferne, nachdem wir Nähe erfuhren. Sie macht bewußt, schärft die Sinne, den Verstand. Dann eine Todesfurcht, die jener Angst gleicht, die mit Gier und Geiz in einer Richtung läuft. Sie schläfert ein, weil sie sich unterwirft, ohne zu wissen, wie sie daraus werden könnte. Sie betrübt, weil sie in Dunkelheit liebt. Die zuerst Erwähnte entsteht aus der Überwindung der zweiten. Dabei gibt es Stufen zu bedenken, in denen wir untergehen oder durch die wir uns reinigen können.

VII

> »Allah kennt diejenigen unter euch, die (die Menschen) behindern, diejenigen, die zu ihren Brüdern sprechen: ›Kommt her zu uns‹, und sie lassen sich nur wenig in Krieg (gegen ihr niederes Selbst oder im Zuge der Verteidigung) ein, geizig euch gegenüber. Naht aber Gefahr, dann siehst du sie nach dir ausschauen, mit rollenden Augen wie einer, der in Ohnmacht fällt vor Todesfurcht. Doch wenn dann die Angst vorbei ist, dann treffen sie euch mit scharfen Zungen in ihrer Gier nach Gut. Diese haben nicht geglaubt; darum hat Allah ihre Werke zunichte gemacht. Und das ist Allah ein leichtes.« (33:19,20)

Diese Stufe der Verwirrung übersieht, daß die Angst vor dem Tode als Möglichkeit ihre Ursachen beseitigen zu können, ernst genommen werden muß. In ihr befindet sich der Mensch auf einer Ebene, die der Quran als die der »Böses gebietenden Seele« (12:54) bezeichnet. In diesem Zustand wird der Mensch von seinen niederen Begierden immer überwältigt. Er lebt nur seinen Gelüsten, wie sehr sie ihn auch von sich und seiner Möglichkeit, weiterzukommen mit sich, entfremden. Er kennt vielleicht den Weg, im Genießen von Gelüsten einen Sinn zu finden. Doch immer wieder zurückgeworfen in das Tal der Enttäuschung, der Verzweiflung, vom Reiz überwältigt, kennt er sich nicht aus mit sich. Auch dann, wenn er Erfolg hat in der Befriedigung, geht er doch nur mechanistisch voran, seine quantitativ möglicherweise herausragenden Ergebnisse kennen keinen Sprung zur Qualität, die einzigartig ist. Er verkommt, indem er sich daran gewöhnt, dort zu bleiben, wo er sich eingerichtet hat: in seinem Genuß. Dies ist ein Genuß, der den Gegensatz des Leidens fatalistisch einbaut. Er bleibt in seiner Sackgasse. Auch, wenn sie ihm Angst macht. Aber er entrinnt ihr nicht. Weder schöpft er sie so aus, daß er sie wirklich kennt, das würde ja bedeuten, er könnte sie verlassen. Noch macht er sich zu ihrem Meister. Er stockt, weil er nicht wissend zu wissen glaubt. Dieser Glaube ist eine Verwirrung. Eine Illusion. Die Angst vor dem Tode wird jenem eine Last, nicht seine Befreiung.

VIII

> »Oder: wie schwerer Wolkenregen, worin Finsternisse und Donner und Blitz; sie stecken ihre Finger in die Ohren, in Todesfurcht vor den Donnerschlägen, während Allah die Ungläubigen umringt. Der Blitz benimmt ihnen fast das Augenlicht; wann immer er auf sie zündet, wandeln sie darin (in seinem Licht), und wenn es über ihnen dunkel wird, stehen sie still.« (2:20,21)

In der Heuchelei gefangen, verwirft der Mensch den Weg zur Wahrheit nicht, wenn er ihn erleuchtet sieht. In der Prüfung aber geht ihm der Wille verloren, nach vorne ins rettende Licht zu springen. Der Unglaube bleibt ihm als Stolz und Ideologie. Beweis ist für ihn nur der Blick auf seine Rechtfertigung. Unfähig, den Schatten im Licht zu sehen, verharrt er in der Meinung, er sei in seinem Jenseits. In diesem Gehabe steckt die Chance, durch eine Erkenntnis von Angst die Wahrheit des Gewissens als Ausweg zu finden. Dies nennt der Quran die »Sich selbst anklagende Seele« (75:3). Ihr ist es noch nicht gelungen, den Menschen von sich zu befreien. Aber sie überprüft immer wieder. Sie geht ihren Weg. Sie findet Freude daran, sich zu läutern. Sie mag es lernen zu fragen, zu Beginn ihres Schreitens, und dadurch die Heuchelei des Herzens zu überwältigen. Offenheit ist ihr Rettungsboot. Je länger sie schweigt, desto eher geht sie zugrunde. Je mehr sie fürchtet, wandert sie im Licht der Furcht. Sie zu überwinden, ist ihr Ziel. Mag sein, daß sie dessen gewahr wird, indem sie den Wandel von Stillstand und Leitung anhand der Todesfurcht begreift.

IX

> »O Kinder Adams, wenn zu euch Gesandte kommen aus eurer Mitte, die euch Meine Zeichen verkünden, wer dann gottesfürchtig ist und gute Werke tut, keine Furcht soll über sie kommen, noch sollen sie trauern.« (7:36)

Solche Balance, die zwischen dem Wissen um Leben und Tod und der Furcht vor ihrem Herrn wandert, ist sich sicher. Sie heißt im Quran: »Beruhigte Seele« (89:28–31). Ihre Furcht vor dem Tode entsprang der Hoffnung, mehr zu erlangen als Vermutung. Sie hat Überzeugung gewonnen, und legt weiterhin Gewißheit zu Überzeugung. Sie bewirkt überdies Sicherheit. Sie ist Licht, das entzündet. Sie belegt: Keine Furcht vor dem Tode ist ebenso schwierig und gefährlich, wie Furcht vor dem Tode. Sie ist Paradies, weil sie ausgereift ist. Aber die Gnade, die sie dahin führen wird, kommt mit der Belehrung: In der Erkenntnis zu bleiben, daß es auch ihre Verneinung gibt. Sie übersieht, aber sie übersieht nicht. Wer in ihr ist, bleibt. Wer hier steht, hat den Berg erklommen und beginnt zu fliegen. Ausgeräumt die namenlose Angst. Überwunden auch die unerkannte Furcht. Ausgeruht und sicher gehen wir den Weg: Was ist Tod, wenn nicht weiterführendes Leben, was ist Sterben, wenn nicht das Erhoffte: zu sein? Nicht leichtfertig, nicht rächend, nicht anklagend oder verurteilend, nein, in der Gewißheit, der Verzeihung nahe zu sein, bemühe ich mich, ihrer nicht bedürftig zu werden. Gott sei Dank ist es mir unmöglich. Die Furcht, Allah zu enttäuschen, bewegt mich. Verlassen die Furcht, allein zu sein, weil ich es nicht bin, auch wenn ich es zu sein scheine. Ich habe, ohne zu besitzen. Ich bin, ohne an mir zu haften. Diese Furcht vor dem Tode ist der Durst, der nicht versiegt. Auch dann, wenn wir gesättigt: ein neues Leben, in dem des Propheten.

Robert Jungk
Kollektive Todesangst – Die ›große Angst‹ an der Jahrtausendwende

> »Alle Menschen haben Angst. Alle. Wer nicht Angst hat, ist nicht normal.«
>
> Jean-Paul Sartre (1945)

Es gibt heutzutage eine Todesangst, die uns nicht nur individuell, sondern kollektiv betrifft und weniger offen als versteckt beunruhigt: Es ist die immer unabweisbarere Befürchtung, daß Millionen, wenn nicht sogar alle Menschen in einem nuklearen oder chemischen Weltkrieg untergehen könnten.

Die Vorstellung vom Weltuntergang hat schon frühere Generationen gequält. Aber diese Erwartungen gründeten sich auf vage Weissagungen, an die man nicht unbedingt glauben mußte. Unsere Ängste sind präziser. Wir lesen und hören von den jährlich erscheinenden Studien der Rüstungsforscher in Stockholm, London und Washington, die das verhängnisvolle Anwachsen der nuklearen Arsenale und die Weiterverbreitung neuester Waffensysteme über den ganzen Planeten mit Fakten, Statistiken und Kurven belegen.

Eigentlich müßten solche Berichte Empörung, Panik oder Flucht auslösen. Weshalb tun sie es nicht? Weil der Tod von Milliarden schwerer vorstellbar ist als der Tod im engeren Kreise. Wenn der englische Poet W. H. Auden in seinem epischen Gedicht dieses Zeitalter als *Age of Anxiety* kennzeichnet, dann hat er im tiefsten recht, doch an der Oberfläche zeigen sich diese berechtigten Ängste kaum. Wir leben eher im Zeitalter von zuwenig eingestandener Furcht, von geleugneter, verdrängter Furcht.

Der französische Historiker Jean Delumeau, Professor am Pariser »Collège de France«, weist in seinem kürzlich erschienenen umfangreichen Werk »La Peur en Occident« nach, daß man die Rolle der Angst in der Geschichte bisher nur selten behandelt, meist sogar ganz verschwiegen habe. Weshalb? Weil Angst nicht als ein natürlicher, notwendiger Reflex angesehen wurde, sondern als Manifestation der Feigheit. Im Bemühen, der Vergangenheit ihrer Landsleute zu schmeicheln, haben besonders nationale und lokale Chronisten nicht zugeben wollen, wie die Krieger zitterten, wenn sie in die Schlacht zogen, wie den später als Helden Gefeierten oft die Flucht näher lag als der Angriff, wie ihre Tollkühnheit meist nur eine verzweifelte Form der Verzagtheit war.

Sind wir in unserer Zeit aufrichtiger? Ein Buch wie das hier vorliegende vermittelt diesen Eindruck. Aber genügt es, sich mit der eigenen, der privaten Todesangst auseinanderzusetzen? Müßte nicht auch die weggeschobene kollektive Todesangst endlich offen diskutiert werden?

Daß sie vorhanden ist, wissen die Psychiater aus den Berichten ihrer Analysanden, in denen Träume über brennende Städte, gewaltige Explosionen, panische Massenflucht und qualvolles Massensterben eine immer vordringlichere Rolle spielen. Sozialpsychologen wie Mandel, Lifton, Otway und vor allem Pahner haben versucht, dieses Phänomen zu analysieren und zu deuten. Dabei kommt heraus, daß die kollektive Todesangst sich besonders in einem Punkt von der individuellen unterscheidet: Sie findet keinen Trost mehr in dem Wissen, daß das Leben der anderen nach dem eigenen Tod weitergehen wird und durch Nachfahren, Werke oder Erinnerungen tröstender Ersatz für die unmögliche physische Unsterblichkeit bereitsteht. Dieses Fenster in eine überpersönliche Zukunft hinein, die eine persönliche Gegenwart lange überdauert, wird nun vermauert. Der befürchtete Untergang der Spezies macht den eigenen Untergang viel schwerer ertragbar und schwächt sogar die metaphysischen Versprechungen der Religionen ab. Denn wenn es keine Gläubigen mehr geben sollte, wird der Glaube an ein Leben im Jenseits schwer vorstellbar, ist

Wiedergeburt zumindest auf diesem Planeten ausgeschlossen.
Weil als Folge des technisch-wissenschaftlichen »Fortschritts« in einer Welt, die bisher kaum Lösungen für ihre politischen, wirtschaftlichen und sozialen Konflikte gefunden hat, die zu erwartenden Krisen und Auseinandersetzungen eine neue Dimension der Destruktivität erreichen dürften, leuchtet am geschichtlichen Horizont nicht mehr Hoffnung, sondern eine alles überschattende Angst. Erkennte man sie als legitim an, erlaubte man, daß die Besorgten ihren Befürchtungen offen Ausdruck geben, hörte man gar auf diese Warnungen, dann könnte die kollektive Todesangst vielleicht noch verhüten, was manche illusionslose Prognostiker bereits als unvermeidliches Ende der Menschheitsgeschichte ansehen.
Doch Alarmrufe werden bagatellisiert, lächerlich gemacht, als Ausgeburten neurotischer Phantasie oder unnötige Panikmache verketzert. Ruhe sei die erste Bürgerpflicht, heißt es wieder einmal, und die Geängstigten hören das nur zu gerne. Sie wollen ja eigentlich vernehmen, daß die Risiken gar nicht so groß seien, daß »man« selbst die gefährlichsten Kreationen und Situationen noch »fest im Griff« habe. Das versichern die dafür angestellten und bezahlten Experten, wie man es von ihnen erwartet. Sie geben sich kaltblütig und kaltherzig – »rational« nennen sie das – nach Wunsch. Nur so ist es möglich, den bisherigen Kurs weiterzusteuern. Bangemachen gilt nicht: Für jedes größere Risiko wird entsprechend größere Sicherheit versprochen. »Kontrolle« ist die probate Beruhigungspille gegen Kollektivängste. Sie wird damit auch zum politischen Instrument. So funktioniert man kollektive Todesangst zu kollektiver Zustimmung um.
Der italienische Historiker Guglielmo Ferrero hat überzeugend dargestellt, wie Metternich und die von ihm geschmiedete »Heilige Allianz«, die alle neugewonnenen politischen Freiheiten zu unterdrücken versuchte, sich auf die Angst der Bürger vor der Wiederholung des vorhergegan-

genen politischen Chaos der französischen Revolution und der leidvollen napoleonischen Kriege stützen konnte. Heute spielt die Weltuntergangsfurcht eine ähnliche, womöglich noch einflußreichere Rolle. Jeder Versuch, die bestehenden Zustände zu verändern, kann von den Mächtigen als Beginn einer unheilvollen, letztlich dann unkontrollierbaren Entwicklung dargestellt werden, deren Ende unabsehbar wäre.

So wird nun einmal die kollektive Todesangst bagatellisiert, andererseits aber doch mit großer politischer Wirkung genutzt. Es ist allerdings historische Erfahrung, daß kein Versuch einer starken obrigkeitlichen Kontrolle auf die Dauer durchsetzbar war. Auch diese neuesten Bemühungen zur langfristigen Stabilisierung bestehender Herrschaft dürften nicht dauerhaft sein.

Schon heute zeigen sich weltweit die ersten Anfänge von Bewegungen, die, angetrieben von der Sorge um die Zukunft der Menschheit, die bestehenden Werte, Ziele und Strukturen in Frage stellen. Sie erstreben einen Abbau der planetaren Gefährdung durch die Beseitigung jener neuen zivilen und militärischen Techniken, die weltweite Katastrophen von apokalyptischen Ausmaßen überhaupt erst möglich machen. Denn die Angst läßt sich nicht durch immer kompliziertere und ausgedehntere Absicherung von *»Doomsday«* (»Weltuntergangs«)-Waffen und *»Doomsday«*-Industrien beseitigen, sondern nur durch ihre Abschaffung.

Diese Abschaffung zu erreichen, erschiene als ein hoffnungsloses Unterfangen, wenn hier nicht eine paradoxe Entwicklung zu Hilfe käme. Zerstörungen, die Millionen Menschen betreffen und ihren Tod verursachen würden, können durch einige wenige ausgelöst werden. Und zwar sowohl durch »Befugte« wie möglicherweise durch »Unbefugte«. Daß das Schicksal von so vielen von so wenigen abhängig sein kann, geht aber auch gegen die Vorstellungen jener, die von »Stabilisierung« träumen. Es ist deshalb durchaus denkbar, daß der bisherige Gang in den Abgrund des »Kollektivtodes« nicht nur durch den zunehmenden Druck einer ständig wachsenden Massenbewegung für das Überleben, sondern auch durch die Einsicht der an ihren Kontrollmöglichkeiten verzweifelnden Befürworter des bisherigen Kurses angehalten wird.

Noch ist es aber nicht so weit. Und damit es dahin kommt, wäre es notwendig, durch die Schilderung der Schrecklichkeiten des Kollektivtodes dieses grauenhafte Ende der menschlichen Geschichte zu verhindern. Es muß endlich ganz deutlich werden, daß uns ein »Super Holocaust« droht. Bisher haben die Menschen sich immer erst dann bereit erklärt, etwas zu verändern, wenn Katastrophen sie dazu zwangen. Jetzt können wir uns diese schmerzliche Lernmethode nicht mehr leisten, weil die Größenordnungen des Unheils so enorm gewachsen sind, daß ein geschichtlicher »Unfall« zum geschichtlichen »Todesfall« werden könnte. Notwendige Veränderung – und nicht sture Behauptung des Bestehenden! – muß versucht werden, bevor sie durch vorhersehbares Versagen erzwungen wird.

Gegenüber der kollektiven Todesangst helfen weder Verharmlosung noch falsche Selbstsicherheit oder vorgetäuschter Fortschrittsmut. Sie muß ernst genommen werden, aber nicht, um vor ihr zu erstarren, sondern um gegen sie anzugehen und sie, wenn schon nicht endgültig zu beseitigen, so doch wenigstens hinauszuschieben.

Unseren persönlichen Tod können wir weder durch Angst noch durch Gefaßtheit verhindern. Beim kollektiven Tod ist das anders. Ihn sollten wir nicht länger in uns, sondern aus der menschlichen Geschichte verdrängen.

Biographische und bibliographische Notizen

Frank Arlig (Pseudonym für Karl Rudolf Pigge), 1932 in Pirmasens geboren, lebt in Bad Homburg. Nach Tätigkeiten u. a. als Handelsvertreter, Kultur-Journalist, Galerist, Herausgeber des Kulturmagazins »notabene«, arbeitet er seit 1976 freiberuflich als Schriftsteller. Veröffentlichungen u. a.: »Tante Nuttchens Erzählungen« (1968), Text- und Collagensammlung »Gegenwärtige Zukunft« (1976).
»Ihr wollt wohl, daß ich zittere«. Mit freundlicher Genehmigung des Autors.

Jutta Bartus, 1926 in Breslau geboren, lebt (seit ihrer Ausbürgerung aus der DDR Ende 1977) in Düsseldorf. Nach Tätigkeiten u. a. als Näherin, Lehrerin, Redakteurin, erschien 1954 ihre erste literarische Arbeit. Veröffentlichungen u. a.: »Geboren unter schwarzen Himmeln« (1962). Funk- und Fernseharbeiten. Erste Veröffentlichung in der Bundesrepublik: »Ruth-Novellen« (1979).
»Außer Atem«. Mit freundlicher Genehmigung der Autorin.

C. C. Bergius (Pseudonym für Egon-Maria Zimmer), 1910 in Buer/Westfalen geboren, lebt in Vaduz. Nach Tätigkeiten u. a. als Fluglehrer, Flugkapitän und Verleger, arbeitet er seit 1964 ausschließlich als Schriftsteller. Veröffentlichungen 30 Romane: u. a.: »Oleander Oleander« (1975), »Schakale Gottes« (1977), »La Baronessa« (1978), »Söhne des Ikarus« (1979). Funk- und Filmarbeiten.
»Alles in Ordnung?«. Aus: »Oleander Oleander«, C. Bertelsmann Verlag.

Alexandra Cordes (Pseudonym für Ursula Horbach), 1935 in Bonn geboren, lebt in Aachen und Chateauneuf du Pa-

pe/Frankreich. Veröffentlichungen u. a.: »Sag mir Auf Wiedersehen« (1975), »Geh vor dem letzten Tanz« (1976), »Das Haus im Marulabaum« (1977), »Frag nie nach dem Ende« (1978), »Ein Lächeln im Herbst« (1979).
»Keine Angst«. Mit freundlicher Genehmigung des Franz Schneekluth Verlages.

Volker W. Degener, 1941 in Berlin geboren, lebt in Herne. 1978 zum VS-Vorsitzenden in Nordrhein-Westfalen gewählt. Ausgezeichnet u. a. mit dem Literatur-Förderpreis des Landes NRW. Veröffentlichungen u. a.: »Heimsuchung« (1976), »Einfach nur so leben« (1978). Arbeiten auch für Funk, Zeitungen und Zeitschriften.
»Der Nachbar«. Mit freundlicher Genehmigung des Autors.

Fritz Deppert, Dr. phil., 1932 in Darmstadt geboren, lebt dort als Lehrer. Veröffentlichungen u. a.: »Holzholen« (1970), »Atemholen« (1974). Funk-Arbeiten.
»Kein Doppelgänger«. Mit freundlicher Genehmigung des Autors.

Ingeborg Drewitz, Dr. phil., 1923 in Berlin geboren, lebt dort als freie Autorin. Mitgründerin des Verbandes deutscher Schriftsteller (VS), PEN-Präsidiumsmitglied. Veröffentlichungen u. a.: »Berliner Salons – Literatur und Gesellschaft zwischen Aufklärung und Industriezeitalter« (1965), »Bettine von Arnim« (Biographie, 1969), »Wer verteidigt Katrin Lambert?« (1974), »Das Hochhaus« (1975), »Gestern war heute – hundert Jahre Gegenwart« (1978). Funk- und Fernseharbeiten.
»Der Name wird im Polizeirevier gelöscht, der Ausweis zurückgegeben«. Mit freundlicher Genehmigung der Autorin.

Gerhard Eikenbusch, 1952 in Wimbern/Soest geboren, lebt als Lehrer in Dortmund. Veröffentlichungen u. a.: »Nicht die Köpfe hängen lassen«.

»Rettung, vorläufig«. Mit freundlicher Genehmigung des Autors.

Ludwig Fels, 1946 in Treuchtlingen geboren, lebt in Nürnberg. Nach Tätigkeiten u. a. als Maler und Hilfsarbeiter, arbeitet er seit 1973 als Schriftsteller. Förderpreis der Stadt Nürnberg, Kritikerpreis des SWF-Literaturmagazins 1979, Leonce- und Lena-Preis 1979. Veröffentlichungen u. a.: »Die Sünden der Armut« (1976), »Alles geht weiter« (1977), »Ich war nicht in Amerika« (1978), »Mein Land« (1978). Arbeiten für Funk, Zeitungen und Zeitschriften.
»273 Grad Celsius unter Null, im Schatten noch kälter«. Mit freundlicher Genehmigung des Autors.

Wolfgang Fienhold, 1950 in Darmstadt geboren, lebt als freier Schriftsteller in Frankfurt. Veröffentlichungen u. a.: »Draußen auf Terra« (1979), »Manchmal ist mir kein Schuh zu groß« (1979), »Wieder einen Tag vorüberziehen lassen« (1980). Arbeiten für Zeitungen und Zeitschriften.
»Reise ans Ende der Angst«. Mit freundlicher Genehmigung des Autors.

Sigfrid Gauch, 1945 in Offenbach-Glan geboren, lebt als Lehrer an Schulen für Lernbehinderte in Mainz. Erhielt u. a. den Pfalzpreis für Literatur. Veröffentlichungen u. a.: »Mitt-Teilungen und andere Nichtmöglichkeiten« (1976), »Lern-Behinderung: Handreichungen und Gesprächslandschaften« (1977), »Vaterspuren« (1979). Arbeiten für Funk und Zeitschriften.
»Ach was, der Tod, was soll's«. Mit freundlicher Genehmigung des Autors.

Manfred Hausin, 1951 in Hildesheim geboren, lebt als Berufsschriftsteller in Celle und Göttingen. Betreibt den Verlag Davids Drucke. Veröffentlichungen u. a.: »Mit dem Wildbrett vorm Kopf« (1977), »Betteln und Hausin verbo-

ten!« (1977), »Höchste Zeit« (1978), »Die Stimme Niedersachsens« (1979). Arbeiten für Funk und Fernsehen, Zeitungen, Zeitschriften und Anthologien.
»Tramper in Deutschland«. Mit freundlicher Genehmigung des Autors.

Ernst Herhaus, 1932 in Ründerroth/NRW geboren, lebt als Schriftsteller in Frankfurt. Veröffentlichungen u. a.: »Kapitulation – Aufgang einer Krankheit« (1977), »Der zerbrochene Schlaf« (1978), »Gebete in die Gottesferne« (1979). Arbeiten für den Funk.
»Kapitulation«. Aus: »Kapitulation – Aufgang einer Krankheit«. Mit freundlicher Genehmigung des Carl Hanser Verlages, München.

Hadayatullah Hübsch, (Paul Gerhard Hübsch) 1946 in Chemnitz geboren, Schriftsteller und deutscher Moslem, lebt in Frankfurt. Herausgeber der Zeitschrift »Wudd«. Veröffentlichungen u. a.: »ausgeflippt« (1971), »keine Zeit für trips« (Hörspiel, 1973), »Stadtplan« (Hörspiel, 1977), »Plakatgedichte« (1979), »Abgedichtetes« (1979). Arbeiten für Funk, Zeitungen und Zeitschriften.
»Todesangst befällt mich, und die Sudanesen lachen«. Mit freundlicher Genehmigung des Autors.

Henry Jaeger, 1927 in Frankfurt geboren, lebt in Ascona/Schweiz. Ehe er freier Schriftsteller wurde, passierte er u. a. die Stationen: Flakhelfer, Fallschirmjäger, Laborant, Student der Medizin, danach Gangster, Strafgefangener, Redakteur. Veröffentlichungen u. a.: »Die Festung« (1962), »Rebellion der Verlorenen« (1963), »Bestrafte Zeit« (1964), »Das Freudenhaus« (1966), »Jakob auf der Leiter« (1972), »Nachruf auf ein Dutzend Gauner« (1975), »Ein Mann für eine Stunde« (1979). Arbeiten für Film, Funk und Fernsehen.
»Die Henker«. Mit freundlicher Genehmigung des Autors.

Robert Jungk, Prof. Dr. phil., 1913 in Berlin geboren, lebt in Salzburg und Berlin. Veröffentlichungen u. a.: »Die Zukunft hat schon begonnen« (1952), »Heller als tausend Sonnen« (1956), »Strahlen aus der Asche« (1959), »Vom blinden zum wissenden Fortschritt« (1969), »Griff nach dem Atom« (1973), »Der Jahrtausendmensch« (1973), »Plädoyer für eine Humane Revolution« (1975), »Der Atomstaat« (1977). Arbeiten für Funk und Fernsehen, Zeitungen und Zeitschriften.
»Kollektive Todesangst – Die ›große Angst‹ an der Jahrtausendwende«. Mit freundlicher Genehmigung des Autors.

Hanne F. Juritz, 1942 in Straßburg geboren, lebt als Schriftstellerin in Dreieich/Hessen. Sie wurde 1978 zur VS-Vorsitzenden in Hessen gewählt. Zahlreiche Auszeichnungen, u. a. Leonce- und Lena-Preis, Georg-Mackensen-Preis. Veröffentlichungen u. a.: »Nach der ersten Halbzeit« (1973), »Flötentöne« (1975), »Landbeschreibung« (1975), »Gedistel« (1975), »Spuren von Arsen zwischen den Bissen« (1976), »vorzugsweise: wachend« 1974.
»Notgelächter«. Mit freundlicher Genehmigung der Autorin.

Karl Krolow, Dr. e. h., 1915 in Hannover geboren, lebt in Darmstadt. Er ist Büchner-Preisträger, ausgezeichnet mit zahlreichen weiteren bedeutenden Ehrungen, Mitglied von Akademien und literarischen Vereinigungen. Veröffentlichungen u. a.: »Gesammelte Gedichte I« (1965), »Gesammelte Gedichte II« (1975), »Das andere Leben« (1979), »Ausgewählte Gedichte« (1980). Arbeiten für Funk, Zeitungen und Zeitschriften.
»Todesangst«. Mit freundlicher Genehmigung des Autors.

Hinrich Matthiesen, 1928 in Westerland/Sylt geboren, lebt in Morsum/Sylt als Schriftsteller. Ehe er mit dem Schreiben begann, arbeitete er als Lehrer an deutschen Auslandsschulen. Veröffentlichungen u. a.: »Der Skorpion« (1974),

»Acapulco Royal« (1976), »Tombola« (1977), »Die Variante« (1978), »Der Mestize« (1979).
»Der Sanka und die Ju«. Mit freundlicher Genehmigung des Autors.

Günter Müller, 1944 in Bad Gandersheim geboren, lebt als Berufspädagoge in Hannover. Prosapreis Junge Dichtung in Niedersachsen. Fördergabe zum Georg-Mackensen-Literaturpreis 1979 für »Die Entstehung eines arktischen Bewußtseins«. Veröffentlichungen u. a.: »Am schwarzen Brett« (1978), »Die toten Fische sind die Vorboten des stummen Frühlings« (1979). Arbeiten für Funk, Fernsehen und Zeitungen.
»Die Entstehung eines arktischen Bewußtseins«. Mit freundlicher Genehmigung des Autors.

Otti Pfeiffer, 1931 in Wesel/Niederrhein geboren, lebt in Herdecke/NRW. Die gelernte Diplom-Bibliothekarin publiziert erst seit Anfang der 70er Jahre. Veröffentlichungen u. a.: »Widerworte aus der Küche« 1972, »Mienenspiel der Steine« (1977), »Zeit, die durch die Sanduhr läuft« (1979). Arbeiten für Funk und Zeitungen.
»Vertrauensarzt«. Mit freundlicher Genehmigung der Autorin.

Josef Reding, 1929 in Castrop-Rauxel geboren, lebt in Dortmund-Löttringhausen. Er wurde u. a. mit dem Annette-von-Droste-Hülshoff-Preis ausgezeichnet. Veröffentlichungen u. a.: »Nennt mich nicht Nigger« (1957), »Schonzeit für Pappkameraden« (1977), »Kein Platz in kostbaren Krippen« (1979). Arbeiten für Funk und Fernsehen.
»Unser Hund Loulou«. Mit freundlicher Genehmigung des Autors.

Jutta Richter, 1955 in Burgsteinfurt geboren, lebt als freie Autorin in Herbern/NRW. Veröffentlichungen u. a.: »Pop-

corn und Sternenbanner – Tagebuch einer Austauschschülerin« (1975).
»Eisschweigen«. Mit freundlicher Genehmigung der Autorin.

Johannes Mario Simmel, 1924 in Wien geboren, lebt in Monte Carlo. Seine Bücher liegen in einer Weltgesamtauflage von über 46 Millionen Exemplaren vor. Veröffentlichungen u. a.: »Es muß nicht immer Kaviar sein« (1960), »Und Jimmy ging zum Regenbogen« (1970), »Niemand ist eine Insel« (1975).
»Bis zur bitteren Neige«. Aus dem gleichnamigen Roman. Mit freundlicher Genehmigung der Droemerschen Verlagsanstalt.

Karin Struck, 1947 in Schlagtow/Mecklenburg geboren, lebt in Billerbeck/Westfalen. Veröffentlichungen u. a.: »Klassenliebe« (1973), »Die Mutter« (1975), »lieben« (1977), »Trennung« (1978).
»Angst vor Trennung«. Aus: »Trennung«. Mit freundlicher Genehmigung des Suhrkamp Verlages.

Gerhard Vescovi, Dr. med., 1922 in Schramberg/ Rottweil geboren, lebt als niedergelassener Radiologe in Böblingen. Er ist Mitgründer des Bundesverbandes deutscher Schriftstellerärzte und Vizepräsident der Weltorganisation der Schriftstellerärzte. Veröffentlichungen u. a.: »Hippokrates im Heckengäu« (1975), »Ich schreib dir was . . .« (1977), »Das Herz sieht anders aus« (1979).
»Mit dem Leben entkommen«. Mit freundlicher Genehmigung des Autors.

Gabriele Wohmann, 1932 in Darmstadt geboren, lebt dort als Schriftstellerin. Die ehemalige Lehrerin hat zahlreiche Auszeichnungen erhalten, u. a. Bremer Literaturpreis. Veröffentlichungen u. a.: »Frühherbst in Badenweiler« (1978), »Grund zur Aufregung« (1978), »Gesammelte Er-

zählungen aus zwanzig Jahren« 2 Bde. (1979), »Paarlauf« (1979). Arbeiten für Funk, Fernsehen, Zeitschriften und Zeitungen.
»Alte Herzen – schwere Herzen«. Aus: »So ist die Lage«. Mit freundlicher Genehmigung des Verlags Eremiten-Presse.

Der Herausgeber
W. Christian Schmitt, 1944 in Guhrau/Schlesien geboren, lebt in Groß-Gerau/Hessen. Er ist gelernter Feuilleton-Redakteur und arbeitet (mit seiner Redaktionsstube Schmitt & Töchter) u. a. als freier Buch-Fachjournalist, Serienautor und Kolumnist für Zeitungen, Publikums- und Fachzeitschriften, Funk. Mitautor des Buches »Klitzekleine Bertelsmänner – Literarisch-publizistische Alternativen 1965 bis 1973« (1974).